彈劾熱戰

헌정 수호를 위한 뜨거운 전쟁

탄핵열전

이금규 지음

모아북스
MOABOOKS

들어가며

출처: 이데일리

서울의 밤, 서울의 아침 그리고 서울의 봄

계엄 놀이,

밤사이 해프닝으로 끝난 비상계엄

그러나 해프닝으로 끝나 더 걱정이다.

장난삼아, 놀이 삼아

비상계엄을 선포했다면,

그것이 더 문제다.

언제 또 장난삼아

선전포고를 할지도

모르기 때문이다.

명태균은 그를

'장님 무사' 라고 하지 않았던가?

비상계엄은 국회의 계엄 해제 요구와 함께 실패로
끝났지만 비상계엄이 아니라 만약 그것이
선전포고였다면 이미 사태는 벌어졌을 테고,
당사국의 보복 해제가 아니라
항복으로 끝나야 했을지도 모른다.

비상계엄도 끔찍하지만 선전포고는 더욱 아찔하다.
그러니 멈춰야 한다, 지금 당장.
하필 이 시국에 군에 가 있는 아들이 걱정되어
계엄 해제 요구, 국회로 가고 있는 국회의원들을
체포한다는 소식이 들리는 급박한 상황에서
내가 지금 할 수 있는 일,
부모인 내가 지금 해야 할 일은 무엇인가?

국가를 위해서, 혹은 민주주의를 위해서
이런 거창한 이유가 아니라
나와 내 아들과 내 가족을 위해
내가 할 수 있는 일을 생각하고 뭐든 해야만 한다.
밤을 지나 아침
새봄을 위해.

다시는 이런 일이 일어나지 않도록

2025년 4월 4일, 내란 수괴 윤석열이 대통령직에서 파면됨으로써 일단 내란의 큰불을 잡고 한숨 돌렸다. 그리고 이어진 6·3 대통령선거에서 정권 교체를 이룸으로써 내란 세력의 복귀를 막아낸 덕분에 내란의 잔불을 마저 잡고 민주주의를 회복할 기회를 얻었다.

우리 국민은 2024년 12월 3일 내란 발발부터 해를 넘겨 치러진 6월 3일 대통령선거까지 한순간도 마음 편한 날 없이 내내 가슴 졸여야 했다. 다행히도 우리 국민의 슬기와 용기로 내란을 극복하고 새로운 리더십을 창출했지만, 앞으로도 넘어야할 산이 첩첩하다.

나는 내란 이후 6개월간 벌어진 일련의 사태를 겪으면서 그 어느 때보다 절실하게 민주주의의 위기를 실감했다. 40년 투쟁 끝에 피 흘려 쟁취한 민주주의 체제가 지속된 지 어언 40년에 이르러 이제는 세계 민주주의 체제의 모범으로 자부하던 순간에 난데없는 비상계엄 친위쿠데타로 민주주의가 뿌리부터 흔들리더니 이승만 독재 시대로 퇴행한 듯한 상황이 꼬리를 물었다.

내란을 획책하다 실패하고 덜미를 잡힌 대통령은 사퇴하거나 사과하기는커녕 모든 책임을 야당에 돌린 채 정당한 통치 행위라고 뻗대고, 여당은 그런 대통령의 호위무사를 자처한 것으로도 모자라 극우 세력의 대중 선동 단상에 손잡고 올라 폭력을 조장하는 지경에 이르렀다. 그리하여 백주에 법원이 극우 폭도들에게 침탈당하고, 탄핵소추 지경에 빠진 대통령은 그런 폭도들을 '애국청년'으로 칭송하며 적반하장의 메시지로 국민의 분노를 돋구었다. 대통령 경호처는 법원의 판결에 따른 법 집행을 아무렇지도 않게 막아서고, 대통령 권행대행은 헌법상의 의무를 대놓고 저버림으로써 내란수괴의 복귀를 노골적으로 돕는 인상을 주었다.

검찰은 경찰의 내란 증거 압수수색을 막무가내로 방해하고, 법원은 해괴한 구속기간 시간 계산법으로 내란 수괴의 구속을 무효로 돌려 개선장군인 양 활보하도록 풀어주었다. 그러는 사이에 국민의힘 친윤계를 중심으로 한 내란 동조 세력은 비상계엄 선포를 합리화하면서 내란정권 연장에 혈안이 되었다. 그 절정이 '한덕수 대통령 후보 옹립 사건'이다. 국민의힘 당원들의 저지로 한밤의 후보 교체 쿠데타는 실패로 돌아갔지만, 저들은 끝까지 민주주의를 파괴하는 반동행위를 멈출 생각이 없다.

1969년, 박정희 대통령의 2기 임기가 끝나가자 '누가 후계자가 될 것인가'에 관심이 집중되었다. 당시 헌법은 대통령의 3선을 금했다. 그러나 박정희는 집권을 연장하고자 3선 개헌에 나섰다. 이에 신민당 대선후보 김대중은 1970년 11월 14일 서울 효창운동장에서 역사에 남을 '3선 개헌 반대' 연설을 했다. 그는 "민주주의의 적은 독재"임을 분명히 하면서 박정희 대통령에게 독재 말로를 신랄하게 경고했다. 이 연설을 오늘날의 내란 세력도 새겨듣기 바란다.

김대중의 3선 개헌 반대 연설

민주주의의 적은 공산 좌익 독재뿐만 아니라 우익 독재도 똑같은 적이요! 히틀러도 도조 히데키도, 박정희 정권의 3선 개헌 음모에 의한 이 1인 독재도 민주주의의 적인 데는 다름이 없다는 걸 여러분은 알아야 한다 그 말이요! 아, 이 나라가 누구 나란데! 이 나라가 박정희 나라요? 이 나라는, 대통령은 바뀌어도 헌법은 영원한 거요! 헌법이 박정희보다 위란 말이요! 박정희를 위해서 헌법 바꿀 수 없다는 걸 여러분은 알아야 한다 그 말이요! 마지막으로, 이 사람은 온갖 정성과 온갖 결심으로써 박정희 씨에게 마지막 충고하고 호소합니다. 박정희 씨여! 당신에게 이 나라 민주주의에 대한 일천의 양심이 있다면, 당신에게 국민과 역사를 두려워할 지각이 있다면, 당신에게 4 · 19와 6 · 25 때 죽은 우리 영령들 주검의 값에 대한 생각이 있다면, 어떠한 일이 있더라도 3선 개헌만은 하지 말라! 만일, 당신이 기어이 3선 개헌을 했다가는, 이 조국과 국민에 대해서 말할 수 없는 죄악을 가져올 뿐 아니라, 박정희 씨 당신 자신도 내가 몇 월 며칠에 그렇게 된다고 날짜와 시간은 말 못하지만, 당신이 제2의 이승만 씨가 되고, 제2의 아유브 칸이 되고, 공화당이 제2의 자유당이 된다는 것만은, 해가 내일 아침에 동쪽에서 뜬다는 것보다 더 명백하다는 것을 나는 경고해서 마지않는 바요.

우리 헌정사 77년은 우여곡절과 파란만장으로 점철된 가운데 두 번의 군사쿠데타와 세 번의 친위쿠데타를 겪었다. 1961년 박정희의 군사쿠데타, 1979년 전두환의 군사쿠데타가 민주 헌정을 짓밟았다. 그리고 1952년 비상계엄을 앞세운 이승만의 발췌 개헌, 1972년 박정희의 유신 개헌, 2024년 윤석열의 비상계엄 선포는 영구 독재정권을 획책한 내란이었다. 이승만과 박정희는 성공했지만, 윤석열은 실패했다. 그만큼 우리 국민의 민주시민으로서의 민도가 성숙한 덕분이다.

나는 박근혜 대통령과 윤석열 대통령, 두 번의 대통령 탄핵소추 청구인(국회) 측 법률대리인으로 탄핵 정국을 온몸으로 겪었다. 이번에 두 번째 법률대리인으로 활동하면서 새삼 다짐했다. 우리나라에서 다시는 이런 일이 일어나지 않도록 경각심을 불러일으켜야 한다고.

그러려면 '대통령 윤석열 탄핵과 파면에 이르는 과정을 적확하게 알려주어야 한다'고 생각했다. 그래서 나는 탄핵소추 법률대리인으로 활동을 시작하면서부터 이를 염두에 두고 이 책을 준비했다. 이 책이 나오기까지 도움을 주신 모든 분들께 감사한다.

차례

3장 | 탄핵소추된 대통령들

4장 | 대통령 윤석열 탄핵으로 본 탄핵의 조건

5장 | 탄핵심판정에서의 단상

1장

—

탄핵과 민주주의

최근에 확산하는 민주주의 퇴행은 합법을 가장하고
있어서 더욱 우려된다. 과거 권위주의 권력 아래에서의
민주주의 퇴행은 형식상으로도 명백히 불법인 데다가
'민주 대 반민주'의 뚜렷한 전선을 형성함으로써
민주화 투쟁의 강력한 동력으로 작동했다.
그런 반면에 최근의 퇴행은 가랑비에 옷 젖듯 교묘하고도
전략적으로 진행되어 퇴행 사실을 눈치채기조차 어렵다.
우리도 모르는 새에 민주시민으로서
우리의 자유와 권리가 침탈되는 것이다.

서울의 / 봄

2024년 12월 3일 밤, 나는 놀란 가슴으로 밤을 지새웠다.

아찔한 계엄놀이 해프닝으로 끝난 비상계엄. 그나마 비상계엄 선포에 그쳐서 다행이라면 다행이었다. 명태균은 윤석열을 '장님 무사'라고 하지 않았던가? 비상계엄이 아니라 만약 그것이 선전포고였다면 이미 전쟁은 터졌을 테다. 비상계엄도 끔찍하지만, 선전포고는 더욱 아찔하다. 하필 이 판국에 군에 가 있는 아들이 걱정되었다. 계엄해제 요구를 위해 국회로 가고 있는 국회의원들을 체포한다는 소식이 들리는 다급한 상황에서 내가 지금 할 수 있는 일, 아비인 내가 지금 해야 할 일은 무엇인가, 생각했다.

꼭 국가를 위한다거나 민주주의를 위한다거나 하는 거창한 이유가 아니라도 내 가족, 그러니까 군에 간 내 아들을 위해 내가 할 수 있는 일을 생각하고 뭐든 해야만 했다.

1980년, 나는 광주에 있었지만, 당시 초등학생이라서 아는 게 없었다.

2024년, 나는 어른이 되었고, 심지어 변호사가 되었지만, 비상계엄이 선포되면 무엇이 어떻게 되는 건지 몰랐다. 무식한 탓도 있겠지만, 또다시 비상계엄에 직면할 줄은 몰랐기 때문이기도 하다. 알 필요도 없는, 박물관에나 있을 법한 유물이라고 생각했는데, 그것이 헌법과 계엄법으로 버젓이 살아있다는 사실도 비로소 알았다.

계엄사령관이 발령한 계엄포고령 1호. 가짜뉴스를 처단한다는데, 너무 초현실적이라 비상계엄도, 포고령도, 계엄사령관도 모두 가짜뉴스 같았다.

우선, 당장은 국회 재적의원 과반수로 계엄해제 요구안을 의결해야 한다. 그러기 위해서는 국회의원이 체포되면 안 된다. 그러니 국회로 가자. 그것만이 지금 내가 할 수 있는 일, 내 아이가 계엄군이 되는 걸 막는 길이라고 생각했다.

국회의원 190명 전원 찬성으로 계엄해제요구안 가결!

'비상계엄 해제하라, 해제하라! 윤석열은 사퇴하라, 사퇴하라!'

그러나 이건 좀 아니다. 이건 너무 약하다.

'윤석열을 체포하라, 체포하라!'

재직 중이라도 대통령의 내란죄는 소추할 수 있고, 수사할 수 있고, 체포할 수 있다. 바로 이거다.

'윤석열을 체포하라, 체포하라, 체포하라! 장님 무사의 비상계엄놀이가 아니라 전쟁놀이를 막기 위해서 윤석열을 당장 체포하라!'

안도의 한숨으로 여의도공원 지나 집으로 가는 길에 공원에 낡은 비행기 한 대. 1945년 8월 15일. 일본이 항복하고도 즉시 귀국하지 못하고 있던 김구 주석과 임시정부 요인들이 그해 겨울 개인 자격으로 이 비행기를 타고 와 여의도공항에 내렸다.

누군가는 부수고 파괴하고 팔아넘기지만, 누군가는 지키고 세우고 반드시 되찾는다. 너희가 아무리 부수고 파괴하고 팔아넘겨도 대한민국은 우리나라, 나의 나라.

역사는 화석처럼, 지문처럼 남는다. 오늘 이 장면도 역사는 기억할 것이다.

민주주의의 현실과 도전

퇴행하는 민주주의

민주주의라면 고대 그리스까지 거슬러 가니 그 연원이 오래된 제도이긴 하지만, 고대 그리스 민주정은 보편적 민주주의와는 거리가 먼 데다가 이후 그나마도 현실정치에서 실현된 기간은 극히 짧다. 국가가 발명된 이후 정치 체제는 대체로 귀족정 또는 왕정 아니면 제정이나 군정 체제를 유지해왔다.

그러다가 18세기 후반 미국의 독립혁명과 프랑스 대혁명에 이르러서야 근대 민주주의의 밑돌이 놓였다. 자유와 평등 사상에 입각한 양대 혁명은 법치와 공화정을 천명함으로써 근대 민주주의의 서막을 열었다.

이후 민주주의는 수차례 부침을 겪으면서도 한 걸음씩 진전해오다가 제2차 세계대전을 계기로 서구 세계에서 새로운 장을 열었다. 20세기 후반 들어 포르투갈의 카네이션 혁명(1974)을 시작으로 제3의 민주화 물결이 퍼져 3세계를 중심으로 민주화 운동의 봇물이 터졌다. 특히 소련이 해체되고 동서 냉전이 끝난 세기말에는 민주화운동이 옛 소련 세력권의 나라들까지 번졌다.

그러나 21세기 들어 러시아, 튀르키에, 헝가리, 베네수엘라 등 세계 여러 나라에서 민주주의가 오히려 퇴행하는 현상이 벌어졌다. 퇴행의 양상은 대개 선거를 통한 독재 강화로 입법과 사법 그리고 언론까지 장악함으로써 국정을 농단하고 공공연히 부패를 일삼기에 이른다.

영국의 시사주간지 〈이코노미스트〉는 해마다 세계 각국의 민주주의 지수를 조사하여 발표하는데, 2008년 국제 금융위기 이후 15년간 민주주의 지수가 계속 떨어진 나라가 90개국에 이른 데 비해 올라간 나라는 그 3분의 1에도 미치지 못했다.

그럼 한국의 민주주의 사정은 어떨까? 한국 역시 민주주의 퇴행을 면치 못한 것으로 조사되었다.

세계의 민주주의 지수를 조사 발표하는 기관으로는 스웨덴의 V-Dem(민주주의 다양성 연구소), 영국의 〈이코노미스트〉 산하 EIU(경제조사기관), 미국의 프리덤 하우스(연례 보고서 〈세계의 자유〉를 통해 각국의 민주주의와 자유·인권 상황 등을 평가해 공표) 등이 있다.

V-dem이 발표한 〈민주주의 리포트 2025〉에 따르면 한국의 민주주의 지수는 자유민주주의 국가에서 선거민주주의 국가로 한 단계 떨어졌다. 31년 만의 하락이다. 또 EIU의 민주주의 지수 평가에서도 한국 민주주의는 전년 대비 10단계나 떨어져 '결함 있는 민주주의'로 평가됐다.

최근에 확산하는 민주주의 퇴행은 합법을 가장하고 있어서 더욱 우려된다. 과거 권위주의 권력 아래에서의 민주주의 퇴행은 형식상으로도 명백히 불법인 데다가 '민주 대 반민주'의 뚜렷한 전선을 형성함으로써 민주화 투쟁의 강력한 동력으로 작동했다. 그런 반면에 최근의 퇴행은 가랑비에 옷 젖듯 교묘하고도 전략적으로 진행되어 퇴행 사실을 눈치채기조차 어렵다. 우리도 모르는 새에 민주 시민으로서 우리의 자유와 권리가 침탈되는 것이다.

프랑스의 정치학자 토크빌은 이런 상태를 《미국의 민주주의》(계명대학교 출판부, 2013)에서 '연성 독재'로 규명하고, 민주주의 국가가 연성 독재 국가로 퇴행하는 진행 양상을 제시한다.

먼저 공동체에 대한 무관심과 문제 해결의 국가 의존성이 강해지면서 국가 권력에 대한 견제와 균형의 틀이 무너진다. 그러면 자연히 시민적 자율성이 낮아지면서 국가는 한층 강화된 권력으로 복지와 사회보장을 구실 삼아 시민의 자유를 점점 더 크게 침해한다. 그러면 결국 민주주의 제도는 변한 게 없지만, 권력이 소수의 정치 엘리트와 관료에게 집중되어 사실상 독재 국가의 길을 가게 된다.

이런 연성 독재가 강성 독재보다 위험한 이유는 '국민을 보호하고 안락을 제공하는' 형태로 작동하기 때문이다. 요약하면, 민주국가의 시민들이 안락함을 대가로 자유를 포기하는 순간 민주주의는 서서히 무너지기 시작한다.

오늘날 민주주의가 위기에 빠진 배경에는 기승을 부리는 '선거 독재'가 있다. 공식 선거제도는 허울뿐이고 실제로는 강력한 실권자가 선거를 독단하는 실상이 여러 나라에서 벌어진다. 또 하나의 배경에는 경제적 불평등의 심화로 인한 양극화 현상과, 정치 세력 간의 극한 대립이 있다. 민주주의에 대한 신뢰감이 떨어지고 사회 불안이 증폭되면서 권위주의적 지도자를 추종하려는 심리가 확산하고 있다.

또 미디어 환경의 변화가 중요한 배경으로 작용한다. SNS의 일상화로 1인 미디어가 활발하게 일어나 공론장이 다양화하는 장점도 있지만, 가짜뉴스와 허위 정보가 범람하여 정치 혐오를 조장함으로써 독재가 출현하기 좋은 환경을 조성하기도 한다.

이런 민주주의의 위기는 미국의 정치학자 스티븐 레비츠키와 대니얼 지블랫이 《민주주의는 어떻게 무너지는가?》에서 소상히 밝힌다.

"민주주의는 군사쿠데타 등에 의해서만 무너지지 않는다. 민주적으로 선출된 지도자들에 의해서도 무너진다. 자기들을 권좌에 오르도록 만든 바로 그 (민주적) 과정을 전복시킴으로써 말이다. 주기적으로 선거가 행해지고 헌법을 비롯한 공식적인 민주주의 제도들이 제자리에 놓여 있을지라도 선출된 독재자들은 민주주의의 허울을 유지하면서 실질은 도려내 버린다. 이들이 민주주의의 전복을 위해 사용하는 수단들은 하나같이 합법을 가장한다."

현행 탄핵제도의 효용과 한계

우리 헌법은 제65조에 행정부의 권력 남용을 견제하기 위한 입법부(국회)의 탄핵소추권을 다음과 같이 규정한다.

입법부(국회)의 탄핵소추권

① 대통령 · 국무총리 · 국무위원 · 행정 각부의 장 · 헌법재판소 재판관 · 법관 · 중앙선거관리위원회 위원 · 감사원장 · 감사위원

기타 법률이 정한 공무원이 그 직무집행에 있어서 헌법이나 법률을 위배한 때에는 국회는 탄핵의 소추를 의결할 수 있다.

② 제1항의 탄핵소추는 국회 재적의원 3분의 1 이상의 발의가 있어야 하며, 그 의결은 국회 재적의원 과반수의 찬성이 있어야 한다. 다만, 대통령에 대한 탄핵소추는 국회 재적의원 과반수의 발의와 국회 재적의원 3분의 2 이상의 찬성이 있어야 한다.

③ 탄핵소추의 의결을 받은 자는 탄핵 심판이 있을 때까지 그 권한행사가 정지된다.

④ 탄핵결정은 공직으로부터 파면함에 그친다. 그러나, 이에 의하여 민사상이나 형사상의 책임이 면제되지는 아니한다.

탄핵은 어떤 의미이며, 근대적 정부에서의 탄핵은 언제부터 시작되었을까?

동아시아 문화권에서 일반적 의미로 쓰이는 탄핵은 "죄나 잘못을 따져 묻는 것"을 뜻한다. 조선 시대에는 다른 신하의 잘못을 따져서 왕에게 아뢰는 것을 '탄핵'이라고 했다. 근대적 정부에서 이뤄진 최초의 탄핵은 1376년 영국의 제4대 라티머 남작 윌리엄 라티머에 대해 영국 의회가 행한 탄핵이다.

탄핵의 현대정치적 의미는 일반적인 절차에 따라 파면할 수 없거나 수사기관이 사실상 소추할 수 없는 대통령·법관 등 고위직 공무원을 의회에서 소추하여 파면하거나 처벌하는 행위나 제도를 말한다.

　미국 헌법에 따르면 하원은 탄핵소추의 단독 권한을 가지며, 상원은 탄핵 심리 권한을 갖는다. 하원의 소추 의결이 나더라도 무죄 추정의 원칙을 적용하여 그 권한을 정지하지 않는다. 이후 상원에서 전적으로 탄핵 여부를 심사하며 연방대법원은 관여하지 않는다. 탄핵 시 사면을 금지하는 명문 규정을 두어 탄핵의 엄중함을 유지한다.

　우리는 국회에서 탄핵을 소추하고 의결하며, 소추의결서가 헌법재판소에 송달되는 즉시 대상자의 권한이 정지되고, 헌법재판소에서 탄핵을 심판함으로써 완성된다. 국회 의결의 필요 정족수는 대통령의 경우는 재적의원 과반수 발의와 재적의원 3분의 2 이상의 찬성이 필요하고, 그 외에는 재적의원 3분의 1 이상의 발의와 재적의원 과반수의 찬성이 필요하다. 탄핵의 심판은 누구를 막론하고 헌법재판관 6인 이상의 인용 의견이 있어야 파면 결정이 난다.

　민주주의 확산과 함께 세계적으로 대통령 탄핵은 더는 드문 일이 아니다. 대통령제를 채택한 국가 대부분이 헌법에 탄핵 조항을 두었는데, 지난 30여 년 동안 브라질, 페루, 필리핀, 인도네시아, 리투아니아, 파라과이, 한국 등에서 대통령이 탄핵으로 물러났다.

지난 20여 년 사이 한국에서는 세 번의 대통령 탄핵소추가 일어나 두 번의 인용으로 대통령이 중도에 물러나는 사태를 겪었다. 민주시민의 저력으로 최고 권력자의 헌법 위반을 심판한 것이어서 국민의 정치의식이 높고 민주주의가 제대로 작동하고 있다는 증거이지만, 한편으로는 정치가 정상으로 작동하지 않고 시스템의 한계를 드러낸 것이기도 하다.

사실 탄핵제도는 영국의 의원내각제에서 비롯하였다. 이 탄핵제도가 미국으로 전해지고, 미국의 대통령제와 함께 세계 여러 나라로 퍼졌다. 미국의 탄핵제도는 권력 간 견제와 균형에 방점을 둔다. 어느 한 사람이나 기구가 권력을 독점하지 못하도록 여러 견제장치를 고안했는데, 그중 탄핵은 의회가 행정부와 사법부, 특히 행정부와 그 수장인 대통령을 견제하는 최후 수단으로 도입됐다.

미국에서는 역대 4명의 대통령에 대해 탄핵소추가 있었다. 트럼프 대통령은 1기 임기 때 탄핵소추 대상이 되었다. 2021년 대선 결과에 불복하고 내란을 선동한 혐의로 트럼프 대통령을 하원에서 232대 197로 탄핵소추 의결했지만, 상원에서 57대 43으로 기각했다. 공화당 의원들 대다수가 헌법 수호보다 자신들의 정치 경력 유지를 중요하게 여긴 결과다.

위터게이트에 연루되어 탄핵소추된 닉슨 대통령은 탄핵 심판 결론이 나기 전에 자진 사임했다. 그 배경에는 탄핵에 찬성한 공화당 의원들이 있었다. 그들은 당리당략을 떠나 대통령과 행정부의 잘못을 따지고 권력 남용을 견제하는 의회 본연의 역할에 충실했다. 자당 의원들조차 지지를 철회하자 닉슨은 대통령직을 유지할 명분과 힘을 잃은 것이다.

한국에서는 최근 20여 년 사이에 노무현·박근혜·윤석열 세 대통령의 탄핵소추가 국회에서 의결되었는데, 헌법재판소 심판에서 노무현은 기각되고, 박근혜·윤석열은 만장일치로 인용되어 파면되었다.

왜 이런 차이가 생겼을까? 우선 탄핵 사유의 타당성에서 인용과 기각이 갈렸다. 헌법 65조 1항은 탄핵 사유를 "직무집행에 있어서 헌법이나 법률을 위배"하는 경우로 명시한다. 법 조항의 단순한 저촉이 아니라 헌법 질서에 실질적인 해악을 끼칠 수 있는 구체적인 위험성을 초래하는 경우에만 탄핵에 이를 수 있게 한 것이다. 노무현 대통령의 경우에는 야당이 탄핵 사유로 삼은 선거법 위반은 누가 보더라도 탄핵에 이를 만큼 중대한 범법행위로 보기 어려웠다. 그에 비해 박근혜·윤석열 대통령의 경우에는 탄핵에 이를 만큼 중대한 범법행위가 명백했다. 더 중요하게는, 국회가 먼저 나서서 밀어붙인 노무현 대통령 탄핵은 국민의 공감을 얻지 못했고 박근혜 · 윤석열 대통령의 탄핵은 국민이 먼저 나서서 요구했다는 차이가 있다.

권력에 대한 감시와 비판

민주주의의 성패는 '제도' 자체가 아니라 '제도의 운용'에 달렸다. 민주 정부는 국민의 동의를 바탕으로 구성되지만, 충분조건은 아니다. 러시아처럼 공식 선거 절차를 통해 구성된 정부라도 집권 세력의 권력 행사가 자의적이라면 민주 정부라고 할 수 없다. 제아무리 민주적으로 선출된 정부라도 국정 운영이 민주적이지 않다면 민주 정부가 아니다. 히틀러는 민주적으로 선출된 수상이었지만, 수권법을 통해 국정 운영을 독단함으로써 독일을 나치 일당 독재 국가로 만들었다.

우리나라만 해도 그랬다. 이승만, 박정희, 전두환 정부도 형식상으로는 민주주의 탈을 썼지만, 실제 국가 운영은 권위주의적 독재 체제였다. 1987년 민주화 체제 이후에 가장 민주적인 방식으로 선출된 윤석열 정부도 실제 운영은 민주 정부의 틀에서 벗어나 국정을 독단한 끝에 급기야 불법 계엄으로 입법 · 사법권을 침탈하려다가 국민의 저항에 부딪혀 탄핵으로 파면되었다.

그러므로 민주주의 국가라면 집권 세력에 대한 국민의 감시, 야당의 견제, 언론의 비판 기능이 늘 시퍼렇게 살아있어야 한다.

민주주의는 집권 세력에 대한 끊임없는 견제와 비판, 감시가 꼭 필요하다. 이런 기능이 약화하면 민주주의는 허울만 남게 되고 그 사회의 시민은 당연한 권리와 자유를 잃게 된다. 또 권력은 견제와 비판, 감시에서 벗어나 폭주하려는 속성이 있으므로 강력한 견제 세력이 있어야 민주주의가 요구하는 절제와 균형 위에 설 수 있다. 그래서 민주주의 제도는 권력과 권한을 특정 세력이 전부 손에 넣지 못하도록 분립하여 견제와 균형을 이루고 표현과 언론의 자유를 보장하여 감시와 비판의 기능이 발휘되도록 하는 것이다.

'민주주의는 비판을 먹고 산다' 고 할 만큼 비판이 제도화된 시스템이다. 그래서 한 나라의 민주주의 발전 정도를 평가할 때 언론의 자유 지수가 가장 중요한 잣대가 되는 것도 이 때문이다.

제도보다는 문화

법의 지배, 즉 법치가 민주주의의 기반이지만, 그보다 더 중요한 건 민주주의에 대한 시민의 의식을 반영하는 문화다. 민주주의의 가치 실현과 수호 의식이 사회구성원의 문화에 스며 있지 않으면 제도만으로는 민주주의를 지켜가기 어렵다.

우리는 민주주의를 구성하고 유지하는 훌륭한 헌법과 법체계를 갖췄지만, 지난 12·3 계엄에서 보듯이 그런 제도가 어떻게 한순간에 무너질 수 있는지를 똑똑히 보았다. 그래서 성숙한 민주주의를 건강하게 유지하려면 합당한 법적 체계 외에도 충분한 상호 관용과 제도적 자제의 정치, 국민의 신뢰를 받는 사법부의 존재, 언론의 독립성과 공정성의 확보같은 문화적 요소가 얼마나 중요한지 새삼 깨달았다.

사실 세상에 완벽한 이념이나 정치 시스템은 없다. 민주주의라고 해서 예외는 아니다. 윈스턴 처칠은 총리 시절에 "민주주의는 최악의 제도일 수 있다. 하지만 지금까지 시도된 제도 중 가장 나은 제도다"라는 말로 민주주의가 지닌 한계와 가치를 동시에 표현했다. 이렇듯 민주주의도 불완전한 제도여서 현재도 숱한 도전에 직면해 있고, 앞으로도 계속 도전을 받을 것이다. 그리고 민주주의는 권력의 절제와 균형 그리고 자유와 평등을 원리로 삼고 있어서 저절로 주어지지도 않거니와 저절로 지켜지지도 않는다. 끊임없는 감시와 분투 없이는 쟁취할 수도 유지할 수도 없는, 인간의 욕망 앞에서 한없이 연약한 제도다.

'민주주의는 손상되기 쉬운 창조물이다'고 한 티머시 스나이더의 말도 같은 의미이다.

미국의 2대 대통령 존 아담스는 "민주주의는 영속되지 않는다. 곧 쇠퇴하고 탈진하고 자살한다"는 말로 민주주의 수호의 어려움을 토로했다. 이처럼 지키기 어려운 만큼 그 가치가 높은 게 민주주의다. 지금껏 인류가 발명한 제도 가운데 국민의 자유와 권리를 보장하고 사회적 평등을 이루기에는 민주주의만큼 뛰어난 제도도 없다.

평등과 인권의 토대

법의 지배는 민주주의의 핵심 원리이다. 법의 지배는 '법 앞의 평등' 없이는 무의미하다. 법 앞에서는 만인이 평등해야 실제로 법의 지배가 이루어진다고 할 수 있다. 법의 지배를 말하면서 법 위에 군림하는 사람을 용인하거나 법을 무력화하는 성역이 존재한다면 법의 지배 원리는 무너지고 만다.

민주주의 국가에서만 법의 지배가 실제의 효력을 발휘하는 것은 순전히 '법 앞의 평등' 때문이다. 다만, 주의할 것은 여기서 평등이란 법조문의 기계적 평등이 아니라 평등정신을 말한다. 따라서 사회적 약자를 보호하기 위한 불평등 조건이나 규정은 법 앞의 평등을 위배한 것으로 볼 수 없다. 가령, '70세 이상의 국민'이라거나 '월 소득 200만 원 이하의 가계'라거나 '신체장애 3등급 이상의 국민' 같은 보편적인 단서 조항은 기왕의 불평등을 교정하여 평등에 가까워지게 하는 조치이지 불평등을 조장하는 조치가 아니기 때문이다.

법 앞의 평등이 실현된 사회는 인권이 보장된 사회라고도 할 수 있다. 물론 인권 침해 행위를 규제하는 법이 있지만, '모든 인간은 평등하다'는 평등정신 없이는 인권을 보호하고 보장하기에 충분치 않다.

한국에서는 윤석열 대통령 취임 이후 법치가 무너지면서 인권 역시 크게 후퇴했다. 가장 반인권적인 인사를 인권위원장으로 임명한 것부터가, 대통령이 인권 보호에는 전혀 관심이 없다는 사실을 말해주었다. 그러나 다행히도 이런 법치 무시의 폭력적인 정권이 파면당하고 한국은 민주주의를 빠르게 회복해가고 있다.

이에 비해 미국의 민주주의 위기 상황은 자못 심각하다. 2기 트럼프 행정부는 1기 때보다 더 심하게 민주주의 가치를 훼손하며 트럼프가 독재자의 행보를 보이는 가운데 세계 여러 나라의 지도자들도 이를 따라 민주주의를 후퇴시키고 있다. 트럼프는 비판 언론에 재갈을 물러 언론의 자유를 공격하고, 법원의 중지 명령에도 불구하고 합법적 체류자들까지 마구잡이로 추방하는 등 민주주의 원칙을 무너뜨리고 있다. 게다가 의회의 견제 기능마저 크게 약화하여 트럼프가 고삐 풀린 망아지처럼 날뛰도록 사실상 방치한 상태다.

국정 최고 권력에 대한 견제와 비판 기능이 약화하면 민주주의에 어떤 재앙이 벌어지는지를 트럼프 행정부가 극명하게 보여주고 있다.

법의 지배 원리와 법치

오늘날 민주주의 체제에서는 법의 지배가 당연하게 여겨지지만, 사실 인류 역사의 대부분은 법의 지배와는 거리가 멀었다. 근대적 의미에서 법의 지배 개념의 원형은 1215년 영국의 마그타 카르타(Magna Carta)에서 찾는데, 그 내용은 이렇다. "자유인은 그 동료의 합법적 재판에 의하거나 또는 국법에 의하지 않으면 체포·감금·압류·법외방치 또는 추방되거나 기타 방법으로 침해받지 않는다. 짐도 그렇게 하지 않으며, 그렇게 하도록 시키지도 않는다"

국왕도 이로써 '법의 지배'라는 제약을 받게 되어 '법 앞의 평등'이라는 민주주의의 실마리가 마련되었다. 민주적 절차에 따라 제정된 법률에 따르지 않고서는 국가나 국왕을 비롯한 누구도 개인의 정당한 권리와 자유를 제한할 수 없게 된 것이다.

이전의 전제군주 시대에도 법률은 있었지만, 민주적 절차에 따라 제정된 법률이 아니라 국왕을 비롯한 지배세력의 통치 편의를 위해 제정된 통치 규범에 지나지 않았다.

법치가 실질적으로 유지되려면 강력한 보루가 필요한데, 바로 '독립된 사법부'다. 사법부의 독립과 정치적 중립 그리고 재판의 공정성은 법치의 보루로서 민주주의의 보루이기도 하다.

법의 지배, 즉 법 앞의 평등은 예외가 없어야겠지만, 특히 국가기관에 가장 우선으로, 가장 철저하게 적용되어야 한다. 그렇지 않으면 정부가 권력을 법률에 따르지 않고 자의적으로 행사함으로써 법치는 허울만 남고 만다. 이에 대해서는 일찍이 정치학자들의 경고가 넘친다. 평등의 철학적 의미에 관해서는 니체가 흥미로운 메시지를 남겼다.

"인간은 불평등하게 태어나 평등하게 죽는다는 진리가 없다면 아마도 이 세상을 살아갈 희망이 없을 것이다."

삼권 분립과 권력 간의 균형

민주주의를 유지하는 가장 큰 관건은 국가 권력을 자의적으로 행사하는 전제 정부의 출현을 막는 것이다. 왕이나 독재자가 통치하는 전제 정부에서는 개인의 자유와 평등의 권리가 억압받는다.

미국은 독립혁명으로 건국할 때부터 삼권 분립의 민주주의 체제를 채택했다. 국가 권력을 여러 기관이 나누어 관장하게 함으로써 견제를 통해 독재의 출현을 방지한 것이다. 몽테스키외가 주창한 삼권 분립을 적용하되 대통령제를 고안하여 또 하나의 새로운 민주 정부 모델을 세웠다.

삼권 분립은 민주 정부가 독재 정부로 가지 못하게 하는 강력한 제어 장치로 작동한다. 삼권, 즉 입법권·행정권·사법권이 상호 독립적으로 분립해 있을 때 견제와 균형을 이루기가 가장 쉽다는 사실이 역사적으로 검증되었다.

그렇다고 해서 삼권 분립이 독재 권력의 등장을 원천 봉쇄하는 만능 수단은 아니다. 1차 세계 대전 후에 독일에서 민주적인 절차에 따라 바이마르 공화국이 출범했지만, 이내 나치에게 정권이 넘어가 일당 독재를 허용하고 말았다. 1960년, 한국도 4·19혁명으로 민주 정부를 구성했지만, 이듬해 군사쿠데타로 무너졌다.

출처: 경향신문

민주주의와 / 여론

'정치적 올바름'에 관한 엇갈린 시선

정치적 올바름은 그동안 인터넷 공론장을 중심으로 자주 등장하여 상당히 익숙해진 개념이지만, 정확히 아는 사람은 드문 가운데 두 가지 극명하게 상반된 관점으로 논란이 되고 있다. 다인종 사회인 미국에서 비롯한 이 개념은 오늘날 한국 사회에서도 점점 영향력을 확대하고 있다. 그렇다면 정치적 올바름이란 대체 무슨 뜻일까?

정치적 올바름은 영어로 'Political Correctness'인데 흔히 PC라고 한다. '소수자를 차별하거나 배제하는 표현이나 행동을 지양하자는 신념 또는 그에 기반을 둔 사회운동'을 말한다. 가령, '애완동물' 대신 '반려동물', '결손가정' 대신 '한부모 가족' 등의 언어 사용 운동을 가리킨다.

오늘날 PC는 단순한 언어순화 운동 차원을 넘어 영상이나 게임 등에서의 균등한 역할 배분, 진학이나 취업, 승진 등에서의 소수자 우대 정책 등으로 확장 적용되고 있다. 그리하여 이제는 '성별, 인종 등 여러 집단적 정체성이 합류하는 정치적인 상황에서 어느 한쪽으로 기울지 않고 이른바 올바르게 처신하는 것 일체' 를 일컫는다.

PC는 사회정의 관점으로 보면 우리 사회가 당연히 추구해야 할 가치임이 분명하다. 그러나 다른 한편으로 PC가 표현의 자유를 억압한다는 비판을 받기도 한다. PC가 지나치게 강조되는 사회에서는 말 한마디 한마디가 검열당하는 듯한 느낌을 떨칠 수 없다는 것이다.

PC는 복잡한 정치·사회적 현실과 맞물려 새로운 논쟁을 불러일으킨다. 한쪽에서는 '표현의 자유, 열린 토론, 자유로운 사상 교환의 적으로 작용한다' 고 비판하고, 다른 한쪽에서는 사회적 약자 또는 소수자를 배제하는 지배 권력에 맞서 평등하고 공정한 사회를 이루는 요소로 작용한다고 옹호한다.

그러나 PC 그 자체를 비판하는 것은 부당하다. 아직 우리 사회는 PC가 부족해서 탈이지 과잉되어서 탈이 될 정도는 아니라고 보기 때문이다.

정당과 민주주의

민주주의가 무너지면 독재 정부가 출현한다. 또 독재 정부의 출현으로 민주주의가 무너지기도 한다. 공산주의는 일당 독재 체제이다. 자유주의는 복수 정당 체제이지만, 정부가 독재화 하면 사실상 일당 독재 체제로 공산주의와 별다를 게 없다. 일 당 독재 체제에서는 민주주의가 실현될 수도 유지될 수도 없 다. 민주주의는 복수 정치 세력 간의 견제와 경쟁의 토대에서 만 존립할 수 있기 때문이다. 그래서 민주주의 국가는 일당 독 재 정부의 출현을 막기 위해 복수 정당 제도라는 헌법적 장치 를 두었다.

복수 정당 제도는 19세기 서양에서 의회주의 발달과 더불어 생겨나 자리를 잡았다. 복수 정당 제도가 민주주의의 핵심 요소 이긴 하지만, 왕정에서도 사실상 복수 정당이 존재할 수 있다.

조선 시대의 붕당이 바로 그것이다. 흔히 사색당파(노론, 소론, 남인, 북인)로 일컬어지는 이때의 붕당은 비록 법률에 기반을 둔 정치결사체는 아니지만, 정치적 견제와 균형을 지탱한 엄연한 정당이었다. 정치는 파당을 지어 경쟁하는 것이 당연하고 또 그래야 정치가 성립되는 것인데, 유독 조선 시대의 붕당만을 들어 파벌 정치로 비난하는 것은 온당하지 못하다.

이런 파당이 국정을 두고 의견을 달리해 상호 견제하고 비판하는 데서 나아가 정치 권력을 차지하려고 경쟁하는 것이 오늘날의 정당이고, 그런 시스템이 충분히 건강하게 유지되는 체제가 민주주의다.

정치적 지분 확대와 정권 획득을 위한 경쟁은 대개 정당을 중심으로 이루어지므로, 정당은 자연히 민주주의를 지탱하는 핵심 기구로 부상했다. 이런 정당의 존립과 정치 활동을 보장하는 것은 곧 복수 정당의 자유로운 정권 획득 경쟁을 보장하는 것으로, 독재 정부의 출현을 막는 강력한 방파제 역할을 한다. 우리 헌법이 정당 설립의 자유와 복수 정당제를 규정하고 있는 것도 그 때문이다.

평등의 실현

"인간은 자유롭고 평등한 권리를 지니고 태어난 존재"라는 명제는 "모든 사람은 태어나면서부터 타인에게 양도할 수 없는 고유한 권리를 가진다"는 천부인권설에 기인한다. 존 로크가 주창한 천부인권설은 왕권신수설에 대항하는 개념으로, 미국의 독립선언이나 프랑스의 인권선언에도 그 정신이 담겼다.

우리 헌법 제11조 1항에도 평등을 천부인권에 의거해 명시한다.

"모든 국민은 법 앞에 평등하다. 누구든지 성별, 종교 또는 사회적 신분에 의하여 정치적·경제적·사회적·문화적 생활의 모든 영역에 있어서 차별을 받지 아니한다."

헌법에 명시한 평등권은 '기회는 누구에게나 공평하게 열려 있도록 보장되어야 한다' 는 '기회의 평등' 을 일컫는다. 기회의 평등을 결과의 평등으로 혼동하면 민주주의의 다른 한 축인 자유주의를 억압하게 된다. 자유와 평등이 양립할 수 있도록 만든다는 점에서 민주주의가 전제주의나 귀족주의보다 우월하고 위대하다는 것을 잊지 말아야 한다.

포스트 민주주의

자유주의 국가는 물론 사회주의 국가 등 다양한 국가 체제에서 민주적 선거제도가 확산하는 가운데 바야흐로 포스트 민주주의 시대가 열리고 있다. 형식상의 민주주의는 확대되는 가운데 실질적인 민주주의가 퇴보하고 있는 것이 세계적인 추세인데, 이른바 포스트 민주주의의 도래다.

자유롭고 공정한 선거제도 같은 형식적인 기준을 넘어 현실 민주주의에 대한 시민들의 신뢰도와 만족도는 갈수록 더 부정적이다. 민주주의의 탈을 쓴 엘리트 정치집단이 말로만 국민을 위하고 실은 자기의 정치적 이익을 앞세우는 정치에 넌덜머리를 내게 된 것이다.

엘리트 정치집단이 일으키는 사회적 문제는 그들이 일반 시민의 목소리와 요구에 귀 기울이지 않는다는 데 있다. 그에 따른 분노가 최근 들어 자주 폭발하는 가운데 세계 여러 국가에서 대규모 시위와 저항이 발생하고 노조 파업이 급증했다.

영국의 정치사회학자 콜린 크라우치는 이처럼 제도상의 민주주의 확산과 더불어 정치에 대한 불만이 쌓이는 역설적인 상황을 두고 "세계가 포스트 민주주의 국면에 들어섰다"고 진단한다. 선거와 의회 같은 형식상의 민주주의 제도가 유지되지만, 실제 정치 과정에서 일반 시민의 영향력이 줄어들고, 권력이 엘리트층에 집중되는 현상이 강화되는 것이다.

오늘날의 포스트 민주주의는 각국 시민들의 민주적 요구가 자본과 시장의 필요와 국가 경쟁력이라는 현실적 요구에 압도당하게 되고 종속됨으로써 도래한다. '민주주의 정치가 시민들의 실제 삶을 개선하는 데 별다른 역할을 하지 못한다'는 반민주 세력의 공격이 먹히면서 민주주의에 대한 열망과 지지가 냉소와 실망으로 바뀌고 있는 것이다.

정책과 여론 그리고 참여민주주의

정부는 정책을 수립함에 있어 얼마나 여론을 귀 기울여 듣고 민의를 반영해야 하는가? 여론을 정책으로 집약하는 과정이 민주정치이지만, 여론에 따른다고 해서 민주정치가 꼭 잘 이루어진다는 법은 없다. 여론은 변덕스럽기도 해서 중우정치나 포퓰리즘의 나락으로 떨어질 수도 있다.

정치적 권위와 정당성은 민의에서 나오지만, 국가 경영에서는 정부의 리더십도 민의 못지않게 중요하다. 흔히 민의를 의미하는 여론은 때에 따라 정부의 정책 리더십을 강화하기도 하고 약화하기도 하는 양날의 검이다. 그러므로 정책의 수립과 집행 과정에서 정부의 리더십과 여론의 사이에서 균형을 이루는 것이 중요하다.

국가가 정책 수립과 집행 과정에서 여론을 중시하는 것은 당연한 일이지만, 무작정 여론에 끌려다니는 것도 바람직하지 않다.

여론의 형성은 시민의 정치 참여로부터 비롯한다. '민주주의는 참여의 역사'라고 해도 과언이 아닐 만큼 참여를 떠나 생각할 수 없다. 정치적 참여가 활발해질수록 민주주의의 이상에 가까워지겠지만, 그것이 전적으로 시민의 삶을 더 나아지게 한다거나 민주주의를 보장한다고 할 수는 없다.

국가 정책에서 의사결정의 핵심은 합리적이고 지혜로운 선택지의 확보에 있다. 다수가 참여한다고 해서 최선의 의사결정이 이루어진다는 보장도 없고, 전문가 집단이 결정한다고 해서 최선의 결과가 나오리란 보장도 없다. 핵심은 자유로운 비판과 개방된 토론의 보장이다. 의사결정 절차가 민주적이고 합리적이어야 한다는 사실이다. 이것이 바로 민주주의의 요체다.

민주주의 체제에서 참여의 확대는 그 자체가 목적이 아니라 민주적 절차로써 정책에 대한 의사결정을 정당화하는 데 있다.

민주주의와 탄핵

민주주의의 적은 민주주의 그 자체이며, 민주주의는 지금까지 시도된 가장 나은 제도이지만 그러나 한편으로는 최악의 제도일 수 있고, 손상되기 쉬운 창조물로서 영속되지 않고, 쇠퇴하고 탈진하고 자살하여 역사에서 사라질 수도 있는 연약한 제도이다.

따라서 민주주의는 견제와 균형의 원리를 구현한 삼권분립 제도나 법치주의 같은 이념만으로 지켜지지 않으며, 절대권력은 물론 민주주의를 포기하자는 극단적인, 그러나 민주적인 여론이나 포퓰리즘 등으로부터도 민주주의를 지켜낼 수 있도록 감시와 비판을 게을리하지 말아야 한다. 깨어있는 시민의 조직된 힘으로 민주적 제도의 구축과 절차의 실현에 적극 참여하는 것도 주권을 누리고자 하는 민주시민의 의무라고 할 것이다.

국민으로부터 직접 선출되어 민주적 정당성이 누구보다도 강한 대통령을 헌법재판소가 탄핵으로 파면하도록 하는 우리의 탄핵심판 제도는 결국 민주적인 모습의 탈을 쓴 헌법과 민주주의의 파괴자로부터 민주주의를 지키고 헌법을 수호하는 제도임을 잊지 말아야 하며, 우리 국민은 두 번씩이나 민주적인 제도와 방법으로 민주주의의 적을 물리치고 헌법을 지켜낸 위대한 민주시민의 능력을 보여준 것으로서 세계 민주주의 역사의 모범이 된 것이다.

2장

|

탄핵의
의미와 역사

한국의 대통령 탄핵 사례는 한 번은 실패,

두 번은 성공으로 이어졌다.

이런 탄핵 사례는 민주주의에 대한 모순을 드러낸다.

하나는 탄핵이라는 극단적 조치가 작동할 정도로

민주주의가 미성숙하다는 사실이다.

다른 하나는 탄핵이라는 합법적 처방을 통해

대통령제의 문제점을 평화적으로 해결할 정도로

민주주의가 성숙했다는 사실이다.

탄핵이란 / 무엇인가

탄핵의 의미

탄핵이란 한마디로 '잘못에 대한 책임을 묻는 정치 행위' 다. 구체적으로는 소추가 곤란한 대통령, 국무위원, 법관 등의 고위 공무원이 저지른 위법 행위에 대하여 국회에서 소추하여 처벌하거나 파면하는 것을 일컫는다.

국무총리를 비롯한 국무위원은 해임 건의 대상도 되고 탄핵 대상도 된다. 다만 해임 건의는 절차가 간단하고 강제성이 없지만, 탄핵은 절차가 복잡하고 강제성이 있다.

국회의원은 탄핵의 대상이 아닌 대신에 헌법 제64조에 의해 국회에서 재적의원 3분의 2 이상의 찬성으로 제명할 수 있으며, 국회의원의 제명 처분은 법원에 제소할 수 없다.

지방자치단체장, 지방의원, 교육감은 주민소환제 대상으로,

파면되지는 않지만 면직된다. 연금을 박탈하지는 않지만 당해 보궐선거 출마 자격을 박탈한다(지방자치법 제25조, 주민소환에 관한 법률 제23조).

바야흐로 탄핵이 '뉴노멀' 인 시대다. 정치권은 물론 시민들이 탄핵을 예사로 화제에 올린다. 탄핵의 일상화다. 이는 한국뿐 아니라 미국을 비롯해 여러 나라에서도 목격되는 현상이다. 다만 한국처럼 세 차례 대통령 탄핵을 시도한 사례는 세계적으로 유례가 없을 만큼 극히 예외적인 경우이다.

한국의 대통령 탄핵 사례는 한 번은 실패, 두 번은 성공으로 이어졌다. 이런 탄핵 사례는 민주주의에 대한 모순을 드러낸다. 하나는 탄핵이라는 극단적 조치가 작동할 정도로 민주주의가 미성숙하다는 사실이다. 다른 하나는 탄핵이라는 합법적 처방을 통해 대통령제의 문제점을 평화적으로 해결할 정도로 민주주의가 성숙하다는 사실이다.

탄핵이 필요한 이유

피렌체 공화국의 정치사상가 마키아벨리는 고대 로마 공화정의 탄핵제도를 들어 "시민들의 분노를 합법적으로 해소할 제도적 장치"라고 했다. "만약 이런 제도가 없다면 탄핵 대상자는 법정에서 자신을 변론할 기회도 얻지 못하고 성난 시민들에게 살해되고 말 것"이라고 했다. 탄핵은 공화국의 체제 수호와 유지에 꼭 필요한 제도라는 것이다.

영국의 법철학자 액튼 경은 권력에 대해 유명한 말을 남겼다. "권력은 부패하는 경향이 있고, 절대권력은 절대적으로 부패한다."

이런 속성을 지닌 대통령과 같은 최고 권력이 법이 부여한 권한을 넘어 월권을 행사했을 때 견제를 받지 않는다면 국민의 자유와 권리를 침해하기 쉽다. 나아가 헌정 질서를 무시하고 법 위에 군림하려 들면서 민주주의를 파괴할 수 있다.

상황이 이런데도 대통령에 대한 견제 장치가 없어 임기가 끝나기만을 마냥 기다려야 한다면, 그 임기가 끝나기 전에 먼저 민주주의가 끝날 수 있다. 미국 연방헌법 설계자들도 바로 이런 맹점을 우려하여 대통령 탄핵제도를 두었다.

탄핵의 역사

조선 시대의 탄핵

왕조 시대에도 탄핵은 있었다. 《조선왕조실록》에 보면 '탄핵' 이라는 기사가 6천 건 넘게 등장한다. 조선 시대에는 주로 삼사(三司, 사헌부·사간원·홍문관)에서 관리 탄핵을 맡았다. 관리의 감찰과 인사, 왕에 대한 간언과 자문 역할을 한 삼사는 국사를 다루는 데 엄정한 기강이 있어 재상은 물론 왕조차 어려워했다.

주로 권력 교체 시기에 빈번한 조선 시대의 탄핵은 서릿발처럼 매서웠다. "사헌부 관원이 정색하고 조정에 서면 모든 관료가 떨며 두려워할" 정도였다. 탄핵의 주된 사유는 직무유기나 유교적 도덕질서를 해치는 행위였다. 도성 축조 공사 감독에 소홀했다든지, 왕비의 상중에 음주했다든지, 궁중 기밀을 누설했다든지, 자신의 범죄 기록을 파기했다든지, 권력을 남용했다든지 하는 것이었다. 심지어 사헌부 수장인 대사헌도 자신이 통솔하는 사헌부 관리들에게 탄핵을 받고, 왕의 총애를 받는 권신이나 최고 권력자도 탄핵을 받는 등 조선 시대의 탄핵은 추상의 기개가 있었다.

연산군 때는 홍문관 관리들이 권신 유자광을 탄핵했다가 왕의 노여움을 사서 의금부에 체포되었다. 정조 때는 이태현이 '병조의 인사 문제에 개입했다' 는 사유를 들어 좌의정 채제공을 탄핵했다가 오히려 삭탈관직의 수모를 당했다. 고종 때는 최익현이 서원 철폐 등의 실정을 사유로 최고 권력자 홍선대원군을 탄핵했다가 제주도로 유배당했다. 이처럼 목숨을 걸고 권력의 실세를 탄핵하는 일도 드물지 않았다.

조선 시대에 탄핵을 당한 관리는 그 사유가 가벼운 경우라도 대개 스스로 사직할 정도로 탄핵 자체를 불명예로 여겼다.

고대 로마 시대의 탄핵

기원전 63년, 카틸리나는 '부채 전액 탕감' 이라는 포퓰리즘 공약까지 남발하며 집정관 중임 선거에 나섰지만 낙선했다. 이후 주변으로 몰려든 불평분자들을 규합하여 로마에서 봉기하고 지방에서 궐기한 군대를 로마로 진군시켜 쿠데타를 완성할 작정이었다. 이런 음모를 사전에 탐지한 집정관 키케로는 원로원 회의를 소집하여 카틸리나를 탄핵했다.

뒤에서 보겠지만 카틸리나 이후 약 2천 년이 지나고 2021년 1월, 민주주의의 심장인 미국 워싱턴에서 똑같은 이유로 탄핵을 당한 권력자가 나왔으니, 과연 역사는 반복된다.

"카틸리나여, 그대의 음모는 명백히 밝혀졌다. 나는 그대에게 한 가지만 요구한다. 로마를 떠나라."

이보다 500년이나 앞선 탄핵 기록도 있다. 기원전 510년경, 로마는 왕정에서 공화정으로 이행했다. 이후 공화정 치하에서 식량 부족 사태가 벌어졌다. 그러자 코리올라누스 장군은 '평민들에게 식량 배급을 끊어 굶주리게 함으로써 벌을 가하고 권력을 되찾아올 수 있다'고 원로원에 조언했다. 이를 전해 들은 평민들이 분노하고 호민관은 코리올라누스를 탄핵 법정에 세워 추방했다.

3장

탄핵소추된 대통령들

우리 헌법에 대통령 탄핵 조문이 명시된 이후

지금껏 국회에서 3번의 대통령 탄핵소추가 이루어졌다.

2004년 3월 12일 노무현, 2016년 12월 9일 박근혜,

2025년 12월 14일 윤석열 대통령의 탄핵소추안이

국회를 통과해 그 즉시 대통령의 직무가 정지되었다.

노무현 대통령 탄핵소추는 헌법재판소에서 기각되었고,

박근혜 · 윤석열 두 대통령의 탄핵소추는 인용되었다.

헌정사상 두 명의 대통령이 탄핵으로 파면된 것이다.

민주주의 수호 측면에서는 천만다행한 일이지만,

우리 정치사 전반에 있어서는 비극적인 사건이다.

한국의 / 대통령들

우리나라 제헌 헌법의 초안은 정부 형태로 의원내각제를 채택했지만, 이승만은 상해임시정부 구성에서도 그러더니 이번에도 억지를 부려 최종 단계에서 대통령제로 바꾸었다. 물론 대통령 중심제와 의원내각제는 각각 장단점이 있어, 어떤 형태가 월등히 더 좋다고 단정할 수는 없지만, 이승만이 중론을 무시하고 독선적으로 매번 강력한 대통령제를 고집한 건 일신의 권력욕 말고는 달리 설명할 길이 없다. 제헌 헌법 기초위원회는 이승만의 요구를 수용하는 대신 46~47조에 대통령 탄핵 조항을 넣고 "그 직무수행에 관하여 헌법 또는 법률에 위배한 때"를 탄핵 사유로 명시했다. 다만, "탄핵 판결은 공직으로부터 파면함에 그친다"고 하여 미국식 탄핵제도를 인용했다.

우리 헌법에 대통령 탄핵 조문이 명시된 이후 지금껏 국회에서 3번의 대통령 탄핵소추가 이루어졌다. 2004년 3월 12일 노무현, 2016년 12월 9일 박근혜, 2025년 12월 14일 윤석열 대통령의 탄핵소추안이 국회를 통과해 그 즉시 대통령의 직무가 정지되었다. 노무현 대통령 탄핵소추는 헌법재판소에서 기각되었고, 박근혜·윤석열 두 대통령의 탄핵소추는 인용되었다. 헌정사상 두 명의 대통령이 탄핵으로 파면된 것이다. 민주주의 수호 측면에서는 천만다행한 일이지만, 우리 정치사 전반에서는 비극적인 사건이다.

노무현 대통령

2002년 12월 19일, 새천년민주당(이하 민주당) 노무현 후보가 한나라당 이회창 후보를 꺾고 대통령에 당선되었다. 노 대통령 취임 당시 국회는 한나라당 133석, 민주당 115석으로 여소야대여서 국정 운영에 어려움을 겪었다. 게다가 민주당 내의 계파 갈등으로 인해 새로 창당된 여당(열린우리당)은 47석의 소수 정당으로, 야당의 협조 없이는 아무것도 할 수 없는 상황에 놓였다.

국정을 주도적으로 운영하려면 2004년 4월 15일의 총선에서 반전을 노리는 수밖에 없었다. 총선을 앞둔 2월 18일, 노 대통령은 기자회견에서 "대통령이 뭘 잘해서 열린우리당에 표를 줄 수 있는 길이 있으면 정말 합법적인 모든 것을 다하고 싶다"며 총선 관련 발언을 했다.

선관위는 이런 발언이 선거법 위반이라고 경고하고, 201석을 가진 한나라당·민주당 두 야당은 탄핵소추를 하겠다면서 대통령의 사과를 요구했다. 노 대통령이 특별기자회견을 통해 공식으로 사과를 거부하자 두 야당은 탄핵소추안을 발의하여 재적의원 271인 중 193인의 찬성으로 의결했다. 이후 탄핵소추 판결이 나기까지 매일 서울 광화문 광장을 비롯하여 전국 주요 도시에서 탄핵 반대 촛불집회가 열렸다. 국민 대다수가 국회의 탄핵소추를 납득하지 못한 것이다.

이때 국회 탄핵 세력은 탄핵 사유로 세 가지를 들었지만, 추상적인 주장에 불과한 데다가 사실 관계도 틀리거나 과장된 면도 적잖아서 탄핵 사유로는 충분치 못하다는 여론이 지배적이었다. 헌법재판소 역시 7차례 변론 진행 끝에 "대통령이 헌법과 법률을 일부 위반했으나 그 위반 정도가 탄핵의 사유가 될 정도로 중대하지는 않다"고 판단하여 탄핵 기각 결정을 내렸다.

많은 국민이 노 대통령 탄핵에 반대하면서 탄핵 역풍이 불어닥쳤다. 그 결과 2004년 4월 15일의 제17대 총선에서 열린우리당은 152석을 얻음으로써 민주화 이후 여당이 최초로 원내

과반을 차지했다. 탄핵을 주도한 민주당은 9석에 그쳐 원내 교
섭단체 구성에도 실패했다.

박근혜 대통령

2007년 8월, 한나라당 대선 후보 경선에서 이명박 후보에게
패한 박근혜 후보는 절치부심하여 2012년 대선에서는 무난히
여당 대선 후보가 되어 민주당 문재인 후보를 꺾고 18대 대통
령에 당선되었다.

2014년 4월 16일, 세월호 참사가 터지고 박 대통령은 여러
정치적 의혹에 휩싸여 위기감이 고조되는 가운데 2016년 10월
24일 반전 카드로 개헌을 전격 제안했다. 그런데 바로 그날
저녁 JTBC가 최순실의 태블릿 PC 파일을 특종 보도했다. 이
른바 최순실 국정 농단 게이트가 터진 것이다.

이후부터 연일 대통령 퇴진 촛불시위가 전국으로 걷잡을 수
없이 번졌다. 최순실이 귀국하여 수사를 받으면서 국정 농단
의혹은 대부분 사실로 드러났고 박 대통령은 사실상 대통령으
로서 권위를 상실했다.

그해 12월 9일, 결국 탄핵소추안이 국회를 통과해 대통령의
직무가 정지되었다. 민심은 확연했다. 탄핵 찬성 여론이 80%

가 넘었다. 노무현 탄핵 때는 거꾸로 탄핵 반대 여론이 70%가 넘었었다. 국회는 이런 노도와 같은 민심을 거역할 수 없었다.

이듬해인 2017년 3월 10일, 헌법재판소는 공익실현 의무 위반, 기업의 자유와 재산권 침해, 국가공무원법상 비밀엄수의무 위반 등의 헌법 및 법률 위반 사유를 들어 대통령 박근혜를 파면했다.

노무현과 박근혜의 탄핵소추가 다른 점

노무현·박근혜 대통령, 두 차례의 탄핵은 모두 대통령의 인기가 바닥일 때, 여소야대일 때, 대통령이 국회와 대립할 때 발생했다. 하지만 결과는 서로 달랐다. 두 탄핵의 차이점은 무엇이었을까?

대통령 중심제 국가에서 대통령은 그 나라 민주주의 수준에 큰 영향을 미친다. 이런 점에서 민주화 이후 세 번이나 벌어진 대통령 탄핵은 한국 민주주의를 이해하는 데 핵심 퍼즐 역할을 한다. 세 번의 탄핵 경험은 우리에게 질문을 던진다.

탄핵은 왜 일어났는가?

탄핵의 주요 행위자는 누구이고, 탄핵 사유는 무엇인가?

왜 실패하고, 왜 성공했나?

탄핵은 어떤 효과를 낳는가?

질문의 맥락을 파악하고 답을 찾는 과정에서 성공한 탄핵과 실패한 탄핵을 가르는 결정적 단서를 찾을 수 있다.

대통령 탄핵의 성패와 무관하게 탄핵으로 말미암아 정치가 격동했다. 노무현 대통령에 대한 탄핵은 사상 초유의 의회 권력 교체라는 대변혁을 낳았다. 박근혜 대통령 탄핵은 거대 정당의 분열 등 정계 개편과 조기 대선 및 정권 교체로 이어졌다. 이러한 구조적 변화 외에 부작용도 컸다. 정치적 양극화, 정치 보복의 악순환, 혐오 민주주의가 극심해져 진영 대결이 고착되었다. 정당과 그 지지자들이 주요 사회적 갈등과 의제를 외면하도록 만든 것이다.

윤석열 대통령

2024년 12월 3일, 윤석열 대통령이 비상계엄을 선포했다가 6시간여 만에 해제한 일련의 과정은 위헌·위법으로 점철되었다. 비상계엄을 선포할 하등의 명분이 없는데 법체계를 일탈한 자의적인 판단으로 비상계엄을 선포하여 입법부와 사법부의 권능을 침탈하려 획책한 것이다. 사실상 친위쿠데타, 즉 내란을 일으킨 것이다. 이에 야당 중심으로 국회가 신속하게 비상계엄 해제 요구를 결의하고, 더불어민주당을 비롯한 6개 야당이 연합하여 탄핵소추안을 발의하였다.

비상계엄 해제 후 사흘 만인 12월 7일에 진행된 1차 표결은 여당(국민의힘)이 탄핵 반대를 당론으로 정하고 집단 퇴장하면서 의결 정족수 미달로 무산되었다. 이에 탄핵소추안이 다시 발의되어 12월 14일 2차 표결 결과 재적의원 전원이 참여한 투표에서 찬성 3분의 2를 넘겨 탄핵소추안이 가결되었다. 이로써 윤석열 대통령의 권한이 정지되어 한덕수 국무총리 권한대행 체제가 출범했다.

박근혜 정부에서 물 먹은 검사 윤석열은 문재인 정부에서 고속 승진을 거듭하며 중요한 역할을 맡았다. 문재인 대통령 취임 이후 2년여 만에 서울중앙지검장을 거쳐 검찰총장으로 직행했다. 이후 정치적 야망을 노골적으로 드러낸 윤석열은 문재인 정부와 맞서는 강직한 이미지로 자기 존재감을 크게 부각했다.

결정적으로는 청와대 민정수석으로 있다가 법무부 장관에 지명된 조국 일가에 대한 대대적인 기획 수사로 일약 대권 주자의 반열에 오르는 기염을 토했다. 게다가 추미애 법무부 장관과 문재인 대통령의 핍박을 받는 희생양의 이미지를 잘 포장하여 대중의 환호를 받음으로써 문재인 정부에 역풍을 안겼다.

2021년, 검찰을 떠나 국민의힘에 영입 인사로 입당한 윤석열은 당내 경선을 거쳐 그해 11월 국민의힘 대선 후보가 되었다. 이준석 당 대표와의 내홍을 봉합하고 사전 투표 직전 국민의당 안철수 대표와 극적으로 단일화를 성사시킴으로써 대선에서 가까스로 승리하여 제20대 대통령으로 취임했다.

윤석열은 대통령 임기 동안 여러 의혹과 논란의 중심에 선 가운데 국정을 독단하고 폭주를 멈추지 않았다. 유례없이 낮은 지지율에다가 여소야대 국회로 인해 폭주가 상당 부분 제어된 것은 그나마 다행이었다.

2024년 4월, 여당이 총선에서 참패한 이후 친위쿠데타 실행을 본격적으로 준비한 윤석열은 결국 비상계엄을 선포하여 국정을 혼란에 빠뜨렸다. 이후 탄핵소추안 의결로 권한이 정지되고 끝내 체포되어 구속되는 사태에 이르렀다. 2025년 4월 4일, 헌법재판소는 12·3 내란사태 123일 만에 대통령 윤석열을 파면했다. 취임 2년 11개월 만이다.

다음은 헌법재판소가 발표한 114쪽에 이르는 〈윤석열 탄핵 사건 선고 결정문〉 중 종결 부분이다.

문형배 재판관이 낭독한 탄핵결정 선고문 중 아래 부분은 박근혜 대통령 탄핵심판에서 이정미 재판관이 낭독했던 선고문과 토씨 하나 다르지 않고 똑같았다. 국민의 신임을 받아 국민으로부터 직접 선출된 대통령을 파면하기 위해서는 헌법을 수호하여야 한다는 관점과 국민의 신임을 배반하였는지의 두 가지 관점에서 살펴야 하는바, 헌법과 법률 위배행위가 중대하고, 국민이 부여한 신임을 임기 중 즉각 박탈하여야 할 만큼 배신행위가 명백한 경우여야 한다는 탄핵의 요건과 기준이 이로써 우리 헌법재판소로부터 세워지고 정립하게 된 것이다.

윤석열 탄핵사건 선고

결국, 피청구인의 위헌·위법 행위는 국민의 신임을 배반한 것으로 헌법 수호의 관점에서 용납될 수 없는 중대한 법 위반 행위에 해당합니다. 피청구인의 법 위반 행위가 헌법 질서에 미친 부정적 영향과 파급효과가 중대하므로, 피청구인을 파면함으로써 얻는 헌법 수호의 이익이 대통령 파면에 따르는 국가적 손실을 압도할 정도로 크다고 인정됩니다.

이에 재판관 전원의 일치된 의견으로 주문을 선고합니다. 탄핵 사건이므로 선고 시각을 확인하겠습니다. 지금 시각은 오전 11시 22분입니다.

주문: 피청구인 대통령 윤석열을 파면한다.

윤석열은 "종북 반국가세력을 일거에 척결하기 위해서 선포한 비상계엄"이라며 합리화하면서 이를 "야당과 국민 계몽용"이라는 궤변을 늘어놓았다. 결과로 보면 윤석열이 우리를 '계몽'한 것이 있기는 있다. 민주주의 국가에서 이토록 어이없는 지도자가 다시는 나와선 안 된다는 것.

송현숙 후마니타스연구소장은 이와 관련하여 윤석열이 우리를 계몽한 것들을 '윤석열 아니었으면 몰랐을 것' 5가지로 정리하여 알려 준다.

[윤석열 아니면 몰랐을 것 1]

대통령 이전, 인간으로서 교양이 매우 중요하단 것을. 계엄이라는 어마어마한 일을 해프닝, 계몽령이라고 뻔뻔하게 둘러대는가 하면, 금방 드러날 거짓말을 밥 먹듯 천연덕스럽게 계속하고, 자신과 가족의 안위를 위해 부하나 주변 사람에게 책임 뒤집어씌우기가 다반사다. 헌법의 언어들을 전혀 엉뚱한 맥락 속에 끼워 넣어 궤변을 일삼고, 타인의 말은 들을 생각도 하지 않고 이 모든 파국 속에 사과 한마디 없다. 저열하고 상스러운 말들도 툭툭 튀어나온다. 급기야 선거 목전 부끄러움도 없이 '부정선거' 다큐 보러 영화관까지 활보했다. 무엇이든 상상 이상이라 황당할 따름이다. 대통령이기 이전에 기본이 된 사람을 뽑아야 한다.

[윤석열 아니면 몰랐을 것 2]

민심과 이렇게 동떨어진 대통령도 있을 수 있구나. 역사 인식, 대일·대미·대중 관계 등 외교 문제, 각종 사회정책, 민주주의의 가치와 헌법정신을 유린한 비상계엄까지. 여론이나 민심은 아랑곳하지 않았다. 이태원 참사, 채 상병 사망 등에 눈물도 책임도 보이지 않는 대통령, 격노만 할 뿐 왜 저러는지 이해할 수 없는 결정과 행동을 남발한 대통령이었다. 자유, 공정, 헌법 수호, 합리주의, 지성주의 같은 아름다운 말들을 오염시키고, 본인 뜻과 안 맞는 시민들을 수없이 '입틀막' 한 불통의 아이콘이었다.

[윤석열 아니면 몰랐을 것 3]

너무나 당연하지만, 대통령에 나서는 이는 대통령을 왜 하려 하는가가 확실해야 한다는 것을. 윤석열 정부 3년 동안 전 정권(문재인 정부) 탓, 총선 이후 야당 탓, 음모론과 부정선거 탓이 떠나지 않았다. '왜 대통령이 되었는지 모르겠다' 는 국민의 의구심은 점점 커졌다. 윤석열은 기분 내키는 대로 공정과 상식, 법치 등을 지껄였지만, 그의 목표는 대통령이 되는 것 자체, 왕 같은 권력을 행사하는 것 이상도 이하도 아니었다.

[윤석열 아니면 몰랐을 것 4]

민주주의를 위해 정당 역할이 정말 중요하단 것을. 윤석열의 영입부터 탈당까지, 끊임없는 계파 간 진흙탕 싸움 속에 국민의힘은 공익은 안중에 없는 사리사욕 집단임이 명확하게 드러났다. 당 주류는 계엄 상황에서 계엄해제요구안 표결에 불참했고, 윤석열 탄핵소추와 파면에 반대하며 한남동 관저 앞으로 우르르 몰려갔다. 추태의 압권은 대선 후보등록 마감일 직전의 '후보갈이 사태' 막장이었다. 외부에서 손쉽게 대선 후보를 데려와 각종 치장을 시켜 기득권을 연명하려는 탐욕·추태가 일거에 드러났다. 소위 '빅텐트' 대상으로 거론되고 있는 사람들을 보면 가소롭다. 윤의 실체를 알고도 눈감고 대통령을 만든 사람들이다. 국민의힘은 계엄에 대한 똑 부러진 평가와 사과부터 하라.

[윤석열 아니면 몰랐을 것 5]

피땀으로 이룬 민주주의, 계속 발전하는 줄 알았던 민주주의가 순식간에 위기를 맞을 수 있단 것을. 호시탐탐 민주주의를 붕괴시키려는 움직임에 맞서 시민들이 지켜가야 하고, 너무 상식선인 조항들이라 없었던 규정들, 내란 사태 와중에서 드러난 빈틈들을 하나하나 보완할 필요가 있다는 것을 알게 됐다. 군경, 사법부, 언론, 국가인권위, 방통위, 독립기념관 등 민주주의를 떠받치고 있는 기관과 제도들이 허우대만 멀쩡할 뿐 믿을 곳 없다는 사실, 기관 자체보다 구성원들이 중요하다는 것, 피곤한 일이지만 시민들이 두 눈 부릅뜨고 감시해야 한다는 것을 알게 됐다.[1]

---

1) 송현숙, 〈윤석열 아니었으면 몰랐을 것이다〉, 경향신문(2025. 5. 21.)

국회 탄핵소추 대리인단 공동대표 김이수 변호사의 최후변론에도 윤석열이 일깨운 역설적 계몽의 의미가 담겼다.

"덕분에 우리는 알게 되었습니다. 우리가 만들어낸 민주주의는 무모하고 무도한 대통령 한 사람이 뒤집을 수 있는 대상이 아니라는 것을, 그리고 대한민국에서 민주주의와 헌법 그리고 자유와 기본권은 단지 법이나 제도가 아니라 국민 모두가 내면화한 가치이며 양심이 되었다는 것을 말입니다."

미국의 / 대통령들

영국은 17세기 초(제임스 1세 재위)부터 18세기 중반에 걸쳐 버지니아를 시작으로 조지아까지 북아메리카 대륙에 13개 식민지를 개척했다. 이들 식민지는 조지 3세가 식민지에 대한 과세를 강화하자 이에 저항하여 영국과 독립전쟁을 벌였다.

1776년, 13개 주 대표가 모여 독립을 선언하고 이듬해 연합헌장 채택과 함께 국가연합을 구성했다. 이들 국가연합은 1783년 북아메리카에서 영국을 몰아내고 독립전쟁을 승리로 장식했다.

그러나 중앙정부가 없는 국가연합체는 취약해서 경제를 비롯한 여러 문제에 효과적으로 대응하지 못했고, 심지어 반란까지 일어나 와해 위기를 겪었다. 이에 1787년 각 주에서 파견된 55인의 대표가 필라델피아에 모여 헌법제정회의를 구성하고 강력한 연방정부 수립을 위한 연방헌법을 기초했다. 이때 연방 행정부의 수반, 군 통수권자, 외국에 대해 국가를 대표하는 원수, 입법 거부권으로 입법부 견제권자 지위 등의 막강한 권한을 부여받은 대통령제도가 설계되었다.

대통령에게 강력한 권한을 부여하는 대신 권력 남용을 막기 위해 탄핵이라는 견제 장치도 두었다(연방헌법 제2조 제4항).

"대통령, 부통령, 연방의 민간인 공무원은 반역죄, 수뢰죄, 그 밖의 중대한 범죄와 비행으로 탄핵소추를 받고 유죄 판결을 받는 경우 그 직에서 면직된다."

역대 미국 대통령 탄핵 사례

대통령	탄핵 사유
앤드류 존슨 (1868년)	공직 임기 보장법 위반
리처드 닉슨 (1974년)	FBI, 국세청 등 국가기관을 통해 국민기본권 침해, 사법 절차 방해
빌 클린턴 (1998년)	성추문 사실 은폐 위한 위증 및 사법 절차 방해
도널드 트럼프 (2019년)	미국 대선에 외세 개입 사주, 의회 조사
도널드 트럼프 (2022년)	대선 결과 불복, 폭도들의 의회 난입 선동

결과는 5건 모두 상원에서 부결되어 탄핵이 의결된 적은 한 번도 없다. 다만, 닉슨 대통령의 경우는 자신 사퇴함으로써 임기를 채우지 못하고 불명예 퇴임한 첫 미국 대통령이 되었다.

존슨 대통령

공화당 소속의 대통령 링컨은 1864년 남북전쟁 중 열린 대선에서 민주당 출신 앤드류 존슨을 부통령 후보로 삼아 재선에 성공했다. 링컨이 재선 임기를 시작한 지 한달여 만인 1865년 4월 14일 암살당하자 존슨이 1869년 3월까지 잔여 임기를 승계했다.

문제는 링컨을 승계한 존슨이 링컨과 공화당의 정책과는 정반대의 행보를 보인 데 있었다. 노예 소유주이기도 한 존슨은 흑인의 투표권 행사에 반대하고 시민권 부여에도 반대함으로써 남부 백인들과 민주당의 지지를 받았지만, 그것은 여당인 공화당의 정책 기조를 배척하는 정치적 반란이었다.

이에 반발한 공화당이 모든 미국인에게 기본권을 부여한 민권법을 통과시켰지만, 존슨이 이마저도 거부권을 행사했다. 그러자 의회는 재의결로 민권법을 통과시켰다. 공화당이 주도하는 의회는 1866년 7월 수정헌법 제14조를 의결했다.

"미합중국에서 출생하거나 귀화하고 미합중국의 관할권에 속하는 모든 사람은 미합중국의 시민이자 그 거주하는 주의 시민이다."

존슨은 이 수정조항에도 반대했지만, 1868년 의회의 주도로 모든 주의 비준을 마치고 발효했다. 민심은 명확했다. 그해 11월의 중간선거에서 공화당의 손을 들어주었다. 공화당은 하원에서 37석, 상원에서 17석을 추가로 획득하여 하원의 76%, 상원의 83%를 장악했다.

이듬해 2월 의회를 통과한 남부재건법에 대해서도 존슨은 거부권을 행사했지만, 의회가 재의결하여 통과시켰다. 의회는 그 무렵 "상원의 동의를 받아 대통령이 임명한 연방 공무원은 상원의 동의 없이 해임될 수 없다"는 '공직임기보장법'도 통과시켰는데, 남부재건 정책 실행에 대한 존슨의 방해를 방지하려는 의도가 있었다.

그런데도 존슨이 남부재건 정책을 주관하는 해밀턴 전쟁부장관을 상원의 동의 없이 해임하자 1868년 2월 24일, 하원은 존슨 대통령에 대한 탄핵안을 압도적으로 의결했다. 존슨은 공화당의 상원을 설득하여 가까스로 파면을 면했지만, 민의를 거스른 거부권 남용과 시대착오적인 역사 인식에 대해서는 비판을 면치 못했다.

공직임기보장법 위반은 의회가 존슨을 탄핵한 표면적인 이유일 뿐이었다. 사실은 남부재건이라는 시대적 과제에 대한 존슨 대통령의 퇴행적 역사 인식으로 인한 반복된 거부권 남용에 의회가 제동을 가한 것이다.

당시 미국이 처한 상황으로 보면, 흑인 노예 문제로 연방에서 탈퇴한 남부를 전쟁의 폐허에서 재건하고 국민통합을 이루려면 흑인의 시민권 보장 정책이 꼭 필요했다. 그런데 오직 백인만이 남부를 운영할 자격과 권리가 있다는 퇴행적 인식을 가진 존슨 대통령이 의회의 통합 정책을 무조건 막아선 게 문제였다는 평가가 학계와 여론의 중론이다.

닉슨 대통령

〈워싱턴포스트〉지는 1972년 6월 워터게이트 사건을 보도했다. 워터게이트 빌딩 민주당 대선본부에 도둑이 들었는데, 이를 수사하던 FBI는 그중 전직 CIA 요원이 있다는 걸 알아내고 닉슨 대통령 재선위원회와의 연관성을 추적했다. 백악관은 연루 혐의를 부인했지만, FBI의 수사가 진행되면서 연관 정황이 속속 드러났다. 그런 가운데 치러진 대선에서 닉슨은 큰 표차로 재선에 성공했다.

닉슨 대통령은 본인의 연관성을 극구 부인했지만, 특검 수사와 청문회에서 대통령의 직접 연관성을 증언하는 폭로가 이어졌다. 대화 녹음테이프가 있다는 증언에 따라 콕스 특별검사는 백악관에 녹음테이프를 제출하라고 거듭 요청했다. 이에 콕스를 해임하라는 닉슨의 지시를 법무장관도 법무차관도 거부했다. 그러자 연이어 장·차관을 해임한 닉슨은 송무차관에게 지시하여 콕스를 해임하도록 했다. 이른바 '토요일 밤의 대학살'이다. 새로운 특별검사를 임명하지 않고 어물쩍 뭉개려던 닉슨은 여론의 압력에 밀려 마지못해 자위스키를 특별검사로 임명했다. 그런 중에 탈세 혐의가 드러난 부통령이 사임하자 닉슨은 제럴드 포드를 부통령으로 지명했다. 이때부터 민주당에서 대통령 탄핵소추가 거론되고 공화당 내부에서조차 닉슨의 사임 요구가 나오기 시작했다.

새로운 특별검사마저 대통령의 행정 특권에 맞서 녹음테이프 제출을 줄기차게 요구하는 가운데 연방대법원은 대법관 전원일치 의견으로 대통령의 행정 특권을 부인하고 녹음테이프 제출을 명령했다. 이로써 모든 공작과 은폐를 닉슨이 직접 주도했다는 사실이 밝혀졌다. 닉슨의 사임을 요구하는 여론이 비등했다.

1974년 8월 8일, 닉슨이 사임하고 부통령 포드가 직을 승계했다. 포드는 한 달 뒤 닉슨을 사면했다. 사면을 약속받고 사임했다는 시각이 지배적이다.

바로 이 닉슨으로 인해 '제왕적 대통령'이라는 말이 나왔다. 역사학자 슐레진저가 1973년 닉슨의 지나친 권력 남용을 비판한《제왕적 대통령》을 출간하면서 퍼지기 시작한 말이다. 닉슨 대통령은 비선을 두고 국정을 폐쇄적으로 운영했는데, 박근혜·윤석열 대통령도 마찬가지였다. 어느 나라를 막론하고 대통령이 비선에 의지하게 되면 말로가 참담했다.

클린턴 대통령

빌 클린턴은 혜성과 같이 나타난 정치 천재다. 1978년 32세에 아칸소 주지사가 되었다. 1980년 재선에서는 낙선했지만, 1982년부터 1992년까지 10년간 내리 5선 지사를 역임하고 이듬해인 1993년 미연방 대통령에 취임했다. 47세였다.

재임 중에 백악관 인턴과 성 스캔들을 일으킨 클린턴은 논란의 중심에 섰다. 그런 가운데 1997년 대선에서 재선에 성공했다. 그러나 그는 조사 과정에서 위증하고 사법 정의 실현을 방해한 혐의로 탄핵 위기에 몰렸다.

1998년 10월, 공화당은 특별검사 보고서를 바탕으로 대통령 탄핵 절차에 돌입하기로 했다. 그런 중에 치러진 중간선거에서 민주당이 하원 의석을 늘리는 이변이 일어났다. 여소야대 구도가 바뀌진 않았지만, 민주당은 5석이 늘고 공화당은 4석이 줄었다.

공화당은 대통령의 위증과 사법 절차 방해를 심각한 범죄로 보고 두 차례 법관 탄핵의 선례에 비추어 탄핵 사유에 해당한다고 주장했다. 반면에 민주당은 대통령의 비행은 개인적 일탈로 반역죄나 뇌물죄 같은 중대한 범죄가 아니며 직무 관련성도 없는 데다가 권력 남용에도 해당하지 않으므로 탄핵에 이를 정도는 아니라고 변호했다.

　하원은 표결을 통해 탄핵 사유로 위증 혐의와 사법절차 방해 혐의만 채택하고 권력 남용 혐의는 찬성 148 대 반대 285의 큰 표차로 부결했다. 당적을 떠나 하원의 다수 의원이 대통령의 비행을 권력 남용으로까지는 보지 않은 것이다.

　이제 대통령의 파면 여부는 상원의 판단에 달렸다. 1999년 2월 12일, 탄핵 재판 절차를 마치고 표결에 들어간 상원은 전체 표결 100표 중 위증 혐의 무죄 55표, 사법절차 방해 혐의 무죄 50표로 탄핵소추 2개 혐의 모두 기각했다.

　여론의 76%도 클린턴의 혐의는 헌법상 대통령의 탄핵 사유에 미달하는 개인적인 비행이라는 쪽에 무게를 실었다.

도널드 트럼프 대통령에 대한 탄핵

민주주의의 약한 고리

이번 윤석열에 대한 탄핵심판 사건은 미국 제45대 대통령 도널드 트럼프(Donald Trump)에 대한 탄핵 사건과 많은 부분이 닮았는데, 특히 탄핵소추 사유가 상당히 흡사하다.

그 뿐만 아니라 윤석열과 트럼프는 대통령이 되는 과정도 비슷했다. 두 사람 다 정치 경험이 전혀 없는 상황에서 갑자기 등장하여 대통령 출마 선언을 하고, 대통령 후보가 되어 벼락처럼 대통령이 된 사람들로서 한국이나 미국 모두 그전에는 없었던 캐릭터다.

그러므로 윤석열 대통령에 대한 탄핵심판 사건과 트럼프에 대한 탄핵사건을 비교, 분석함으로써 탄핵심판 제도의 기능과 역할을 확인하고, 나아가 민주주의의 약한 고리를 발견하고 개선함으로써 지속가능한 민주주의 체제를 모색할 수 있을 것이라고 생각한다.

[도널드 트럼프의 벼락같은 대통령 되기]

도널드 트럼프 대통령은 1946년 뉴욕에서 부동산 개발업자의 아들로 태어나 24세에 부동산 개발업체 사장이 되었고, 뉴욕 브루클린에서 맨해튼으로 사업지를 확장하고 이후 전 세계로 빌딩, 호텔, 카지노, 골프장 등을 확장하여 부동산 재벌이 된 전형적인 사업가이다.

트럼프는 TV 쇼 진행자로 출연하여 "당신은 해고야(You're fired)"라는 유행어로 미국 시민들의 호감을 얻었다. 당신을 해고한다는 말로 노동자들로부터 인기를 얻은 것도 코미디 같은 일인데, 그런 그가 2015년 6월 자신의 부동산 제국의 상징인 트럼프 타워에서 대통령 선거 출마를 선언한 것은 더욱 믿기 힘든 일이었다. 그러나 사람들의 생각과 달리 트럼프는 즉각 공화당의 대통령 후보가 되었으며, 불과 1년여 뒤인 2016

년 11월 미국 제45대 대통령에 당선되는 일이 실제로 벌어지고 말았다.

[트럼프와 윤석열의 벼락 대통령 되기]

그로부터 몇 년 뒤에 한국에서도 트럼프와 닮은 사람이 트럼프와 비슷하게 벼락같이 대통령에 당선되고 말았으니 한국과 미국의 민주주의는 이 지점에서 닮았다고 할 수 있다. 그러나 이후 대한민국은 대통령을 탄핵하는 데 성공한 반면, 트럼프는 두 번의 탄핵이 모두 실패하였고, 결국 트럼프는 4년 후에 또다시 미국의 대통령에 당선되는 일이 벌어졌다. 그러니 미국보다 우리의 민주주의가 보다 더 성숙한 것이라고 말해야 할까?

[트럼프의 미국우선주의 전략]

트럼프는 평생 사업가로 살아오다가 70세가 되던 2015년에 느닷없이 대통령이 되겠다고 선언하고 불과 1년여 만에 대통령이 된 사람이다. 공직 경험과 정치 경험이 전혀 없는 최초의 대통령이자 가장 부자인 대통령이었음에도, 민주당 텃밭에서조차 노동자들의 지지를 얻어 선거에서 승리한 것은 아이러니가 아닐 수 없다.

트럼프는 '미국을 다시 위대하게(Make America Great Again:

MAGA)' 라는 슬로건을 내걸고 '미국 우선주의(America First)' 를
내세워 '자국 우선' 이라는 미국인의 이기심을 자극하여 당선
되었다. 당선 이후 불법 이민을 막는다며 장벽(Trump Wall)을 세
우고, 파리기후협약에서 탈퇴하였으며, 자유무역을 반대하는
등 미국 우선주의 정책을 시행하고, 한국과도 FTA 재협상 및
방위비 분담금 증액 요구 등으로 갈등을 부추겼다.

그러나 트럼프의 미국 우선주의가 미국 국민들, 특히 미국
백인 노동자들의 입장에서 볼 때 거부될 이유가 없었기 때문
에 트럼프의 정책은 폭넓은 지지를 받았다.

[두 번 탄핵 당한 대통령을 두 번 찍은 미국의 선택]

하지만 트럼프는 차기 대선에서 자신의 경쟁자인 바이든을
제거하기 위해 외국과 통모하거나 사법방해 행위를 서슴지 않
았는데, 다행히 파면을 면하긴 하였으나 탄핵소추로 이어지
고, 그 과정에서 트럼프의 인기와 지지는 시들해졌다. 결국 다
음 대선에서 패배하는 원인이 되었으며, 자신이 패배한 대선
에 불복하여 미국 역사상 최초로 발생한 국회의사당 난입 및
폭동 사태를 선동하였다는 이유로 또다시 탄핵을 당하게 되었
으니, 미국 역사상 4년 임기 중 두 번씩이나 탄핵을 당한 대통
령이란 오명을 남겼으며, 그런 트럼프를 미국 국민들은 4년 후

또다시 미국의 대통령으로 선택하였으니, 이 또한 아이러니가 아닐 수 없다.

트럼프 대통령에 대한 1차 탄핵

트럼프는 제45대 대통령에 당선되어 4년의 임기 중에 두 번이나 탄핵을 당한 유일한 대통령이다. 임기 중에 두 번씩 탄핵을 당하게 된 것은 당연하게도 첫 번째 탄핵 사유가 실패하였기 때문이며, 그 자체로 탄핵심판 제도의 한계, 나아가 민주주의의 한계이자 위기를 보여주는 사례가 될 것이다.

[러시아의 대통령 선거 개입 의혹과 특검 수사]

트럼프가 당선된 미국 제45대 대선이 한창이던 2016년 7월, 러시아가 트럼프의 당선을 위해 미국의 대선에 개입하였다는 의혹에 대해 FBI의 수사가 한창 진행되고 있었는데, 트럼프는 대통령에 당선되자 이 수사를 지휘하던 제임스 코미 FBI 국장을 해임하였다. 이에 민주당이 특검을 추진하여 로버트 뮬러 특검이 출범하여 수사를 진행하였고, 뮬러 특검은 2019년 3월 러시아가 미국 대선에 개입하는 공작을 하였으며, 트럼프 선거캠프 사람들과 접촉이 있었다는 사실을 밝혀냈다.

뮬러 특검의 보고서 요지는 첫째, 러시아가 미국 대선에 개입하였으며, 러시아 정부와 트럼프 캠프 인사들과의 연계를 확인하였으나, 다만 형사 기소를 할 수 있는 정도의 혐의를 입증할 만한 증거는 확보되지 못했다는 것이고, 둘째, 트럼프 또는 트럼프 인사들이 정부 기관과 의회에 거짓말을 하여 사법 정의를 심각하게 훼손하였다는 것이었다.

이후 뮬러 특검의 보고서에 기재된 혐의는 모두 트럼프에 대한 탄핵 사유가 되었으나, 당시만 하더라도 뮬러 특검이 스스로 밝힌 바와 같이 기소를 할 수 있을 정도의 결정적인 증거까지는 제시할 수 없었기 때문에 트럼프에 대한 탄핵은 강하게 추진되지 못했고, 러시아의 대선 개입 사건도 점점 잊혀졌다.

[정적 제거를 위한 공작과 음모론]

차기 대선에서 공화당의 트럼프 대통령에 맞설 민주당의 유력한 대선 후보는 바이든이었는데, 트럼프는 대통령의 지위를 이용하여 오바마 정부의 부통령이던 바이든이 과거 우크라이나의 검사장 빅터 쇼킨(Victor Shokin)의 해임을 요구한 사실을 이용하여 뒤에서 보는 바와 같이 정치 공작에 들어갔다.

또한 앞서 러시아의 대선 개입과 관련하여 민주당 전국위원회(DNC)가 해킹당했던 컴퓨터 서버가 사실은 우크라이나에 있었고, 대선 개입은 러시아가 아니라 우크라이나가 한 것으로서 결국 러시아의 대선 개입 의혹은 민주당이 만들어낸 정치 공작이라는 소위 'DNC 음모론'이 만들어졌는데, 전형적인 프레임 전환이 미국에서도 일어난 것이다.

[외국 군사원조를 정적에 대한 수사와 흥정하려함]

트럼프는 법무부에 'DNC 음모론'에 대해 수사를 계속하도록 지시하는 한편, 2019년 7월 젤렌스키 우크라이나 대통령에게도 'DNC 서버가 우크라이나에 있다'며 수사를 종용하고, 미국 의회가 이미 의결한 우크라이나에 대한 군사지원금 3억 9,100만 달러에 대한 지급을 유예하도록 지시하였다. 이로써 트럼프는 우크라이나 정부 및 젤렌스키로 하여금 'DNC 음모론 및 바이든 부자(父子)에 대한 수사를 하지 않으면 군사지원금을 지급하지 않겠다'고 함으로써 바이든 및 미국 민주당에 대한 수사와 군사지원금을 상호 '주고받기' 하고자 흥정했다는 의혹이 제기되었다.

[하원의 탄핵조사 및 탄핵소추]

이러한 의혹에 대해 하원의장인 민주당 낸시 펠로시(Nancy Pelosi)는 2019년 9월 즉각 탄핵 조사를 지시하였으며, 트럼프와 백악관은 탄핵조사가 헌법위반이라고 주장하며 의회의 문서제출 및 소환 요구에 불응하여 의회의 조사를 방해하였으나, 일부 정부 인사들이 비공개 청문회에 출석하여 "백악관이 조직적으로 우크라이나 대통령을 압박하였고, DNC 음모론과 바이든에 대한 수사가 군사지원금과 연계되어 있다"는 취지로 증언하였다.

이러한 탄핵조사를 거쳐 하원 정보위원회는 2019년 12월 3일 "트럼프가 재선을 위해 정치적 경쟁자인 바이든에게 해를 입히고, 미국의 선거 체제를 훼손하였으며, 국가안보를 위협하였다"고 하원에 보고했다. 이후 사법위원회의 청문회에서 트럼프는 청문회 출석을 거부하며 오히려 "빨리 나를 탄핵소추하여 상원의 심판을 받도록 해달라"고 주장하였는데, 이는 아마도 공화당이 다수인 상원의 의석 구조를 믿고 이런 주장을 한 것으로 보이며, 이후 뒤에서 보는 것처럼 실제로 트럼프의 기대와 바람대로 탄핵은 상원에서 기각되었다.

하원은 2019년 12월 18일 트럼프에 대한 두 가지 탄핵소추 사유를 모두 가결하였다. 첫째는 트럼프가 우크라이나 대통령과 정부에게 자신의 정적인 바이든과 민주당을 수사하게 하고, 수사와 군사지원금을 결부함으로써 외세를 미국 선거에 개입시키려 하여 권력을 남용하였다는 것이고, 두 번째는 백악관 및 정부에게 의회의 소환 요구 및 증거 제출 요구에 불응하도록 지시하여 의회를 방해함으로써 헌법을 훼손하고 미국 국민에게 상처를 주었다는 것이었다.

[상원의 탄핵 증인 채택 방해]

한편, 상원은 탄핵심판을 위해 핵심 증인의 출석을 추진하였는데, 하원에서 출석을 거부한 존 볼턴(John Bolton)이 태도를 바꾸어 출석하겠다고 했기 때문이었다. 그러나 결과적으로 상원의 과반 의석을 차지한 공화당의 반대로 증인 채택은 불발되었다. 트럼프도 처음에는 "볼턴의 증언은 별 것 아니며 증언을 말리지 않겠다"며 짐짓 태연한 척하였으나, 이후 비밀유지의무를 내세우며 슬며시 태도를 바꾸었고, 볼턴이 당시 출간을 앞두고 있던 '그 일이 일어났던 방(The Room, Where It Happened)'이란 제목의 책에 대한 출판금지 청구까지 하는 등으로 볼턴의 출석을 방해하였다.

이처럼 상원에서도 공화당의 방해와 트럼프 및 백악관의 조직적인 방해로 핵심 증인에 대한 출석이 성사되지 못한 채 하원의장은 더 버티지 못하고 약 한 달이 지난 2020년 1월 15일 상원에 탄핵소추장을 접수할 수밖에 없었으며, 상원은 새로운 증인이나 증거 채택 없이 탄핵심판 절차가 진행되었다.

[상원의 탄핵 기각]

트럼프는 6명의 백악관 변호사들과 4명의 개인 변호사로 변호인단을 꾸려 변론에 나섰는데, 그들은 '사소한 절차상의 하자는 물론 탄핵사유가 입증되지 않았으며, 사적 이익이 아니라 국익을 위한 행위였다' 는 등 생각해 낼 수 있는 모든 억지 주장을 변론이라는 이름으로 주장하고 강변하였다.

변호인단은 면책특권이라든가 대통령의 고유한 권한 행사라는 이유로 의회 방해가 성립하지 않고, 탄핵 사유인 중대한 범죄와 비행에 해당하지 아니하여 탄핵 대상도 아니라고 주장하는가 하면, 하원이 탄핵 조사를 위원회에 위임한 바 없음에도 탄핵 조사를 시행한 것은 절차를 위반한 것이며, 위원회가 처음부터 '진실 발견' 이 아니라 '탄핵 성취' 라는 목적을 정해 놓고 조사를 추진한 것이고, 실체법적으로도 아무런 증거가 없으며, 바이든과 민주당에 대한 수사를 요구한 것은 국익을 위한 행위라고 강변하면서 적법한 행위이자 대통령의 고유한 외교적 권한에 해당한다고 주장하였다.

트럼프는 2020년 2월 4일 하원에서 신년 연설을 했다. 이때 의회를 방문한 트럼프 대통령이 하원의장인 낸시 펠로시와 악수를 하지 않자, 펠로시는 연설이 시작되기도 전에 트럼프의 연설문을 찢어버림으로써 보복하였고, 이 모든 장면은 TV로 생중계되었다.

그리고 다음 날인 2월 5일 상원은 트럼프 대통령에 대한 탄핵소추 사유 2개를 모두 기각하였는데, 탄핵 인용 의견이 과반이었으나 인용 정족수인 3분의 2를 넘기지 못했기 때문이다.

[트럼프 대통령의 보복]

탄핵 기각 후 트럼프는 기자들에게 "민주당 의원들은 하지 말았어야 할 일을 한 삐뚤어진 사람들이라는 것을 배웠다"면서 하원의장 및 정보위원회 위원장을 가리켜 "악독하고 끔찍한 사람들"이라고 비난했으며, 하원의 탄핵 조사에 증인으로 나선 공무원들에 대해 즉각적으로 보복하였다.

비록 상원에서 최종적으로 탄핵이 기각되었다고는 하나 과반 의원이 탄핵 인용 의견이었다는 점과 하원에 의해 소추된 것 자체 및 하원의 탄핵 조사 과정에서 드러난 행위들에 대해, 그리고 탄핵소추로 인해 국정에 혼란과 장애를 초래하고 국력을 분산시키거나 낭비하게 한 것 자체에 대한 아무런 반성이나 사과도 없이 상대 당과 의원들을 비난하고 자신의 반대편에 섰다는 이유로 철저히 보복한 트럼프의 인식과 조치는 이후 2차 탄핵으로 이어지게 되는 단초가 되었으며, 보다 중한 탄핵 사유인 내란 선동에까지 이르게 된다.

즉, 1차 탄핵의 실패로 트럼프는 의회 난입과 폭동을 선동하여 내란을 획책하기에 이르렀고, 미국인 5명이 사망하는 지경까지 이른 것이며, 미국의 민주주의가 민주주의를 위협하는 대통령을 탄핵하는 것을 실패하였기 때문에 맞이하게 된 비극이자 업보인 것이다.

[1차 탄핵 실패가 2차 탄핵의 원인]

1차 탄핵의 기각으로 인해 트럼프가 '원하는 대로 하고 권한을 남용해도 책임지지 않는다' 는 교훈을 얻었다며 트럼프를 조롱한 민주당 상원의원의 말은 트럼프의 2차 탄핵을 예언하는 말이 되었다. '어제의 범죄를 벌하지 않는 것은 내일의 범죄에 용기를 주는 것' 이라는 알베르 카뮈의 격언도 트럼프에게 합당한, 아니 미국 의회와 미국 국민들이 새겨야 할 금언이 되었다.

임기 3년이 못 되어 트럼프는 탄핵소추 되고 임기 1년을 채 남기지 않은 상황에서 탄핵이 기각되었다. 그러나, 불과 1년도 안 되어 트럼프는 또다시 탄핵소추되어 파면의 위기에 몰리게 된다.

[탄핵을 무력화하는 방법을 학습]

트럼프에 대한 1차 탄핵이 끝내 기각된 것은 하원의 탄핵조사가 부실하여 뇌물죄나 형법 위반의 범죄를 저질렀다는 점에 대한 입증에 실패했기 때문이며, 범죄 입증에 필요한 '합리적 의심의 여지가 없는(beyond resonable doubt)' 입증은 물론 탄핵 사유로서의 권력 남용과 사법 방해 행위의 존재를 '분명하고 확실한 증거(clear and convincing evidence)'로 입증하는 것에도 실패하였기 때문이라는 법적인 평가가 있다. 그러나, 이는 훗날 결과를 보고 하는 법률가들의 평가일 뿐이라고 생각되며, 의회의 조사에 협조하지 않음으로써 탄핵을 무력화시킬 수 있다는 교훈을 얻은 트럼프의 미소에 용기와 응원을 보태주는 분석일 뿐이다.

[극단의 대립 정치]

그보다 탄핵이 실패한 진짜 이유는 탄핵소추와 심판에서 하원과 상원 모두 소속 정당의 이해관계에 따라 표결한 결과라고 보는 것이 타당할 것이다. 미국 의회는 그 어느 때보다 트럼프의 탄핵소추와 심판 절차에서 소속 정당에 따라 표결하였으며, 국민들 또한 지지하는 정당에 따라 탄핵 찬반 여론이 극명하게 갈렸다.

"(내가) 탄핵으로 파면된다면 남북전쟁과 같은 분열이 재연될 것"이라고 한 트럼프의 선동적인 메시지나 "민주당의 쿠데타가 남북전쟁을 재현시킬 것"이라고 한 공화당 의원의 발언, 트럼프와 공화당의 선동에 고무된 극우단체나 일부 국민의 총기를 사용하여 보복하겠다는 협박 등 극심한 적개심과 분열은 우연이 아니라 트럼프의 지지기반이자 국정 운영의 방식이라는 지적은 지극히 타당하며, 이것이 탄핵에 실패한 이유다.

[미국의 탄핵 실패는 미국 민주주의의 실패]

트럼프에 대한 1차 탄핵 실패는 2차 탄핵을 초래하였으며, 2차 탄핵 실패는 트럼프의 재당선을 가져왔다. 트럼프의 재당선으로 미국은 과연 어디로 가고 있으며, 미국의 민주주의는 실패한 것인지 의문을 제기하는 사람들이 많다.

민주주의의 적은 민주주의이며, 독재자 히틀러를 탄생시킨 체제도 독일 민주공화국 바이마르 헌법이었다. 히틀러 이후 헌법재판소를 고안하였듯이 민주주의의 적인 민주주의로부터 민주주의를 지키기 위해 우리는 무엇을 해야하는가?

트럼프 대통령에 대한 2차 탄핵

트럼프는 1차 탄핵으로 어떤 교훈을 얻었을까? 자신의 반헌법적이며 반민주적인 행위에 대하여 일말의 반성은 하였을까?

트럼프가 만약 1차 탄핵 절차로 인해 자신의 과오에 대한 반성이나 최소한 부끄러움이나 미국과 세계의 민주주의 역사에 대하여 약간의 미안함이라도 느꼈다면 두 번째 탄핵은 맞이하지 않았을 것이다. 그러나 트럼프는 4년의 임기 말에 또다시 탄핵의 위기에 몰렸고, 명백히 폭동을 사주한 범법행위를 하였음에도 대통령 선거에 낙선하고 대통령 임기가 종료되었다는 이유로 탄핵을 가까스로 면하였다.

그리고 2차 탄핵도 실패함으로써 미국은 4년 후 또다시 두 번이나 탄핵을 당한 대통령 후보를 또다시 대통령으로 뽑는 상황을 맞이하게 된다.

[트럼프의 경쟁자]

트럼프는 2020년 대선에서 1972년 30세에 델라웨어 주 상원의원으로 정치를 시작하고 오바마 행정부의 부통령이었던 민주당 조 바이든(Joe Biden)을 강력한 경쟁자로 만났다.

미국 하버드 대학교 정치학과 교수인 스티븐 레비츠키와 대니얼 지블랫은 《어떻게 민주주의는 무너지는가(How Democracies Die)》에서, 선출된 독재자가 권력을 강화하기 위해 선택하는 세 가지 전략을 말했는데, 즉 심판을 매수하고, 상대편 주전이 경기에 뛰지 못하도록 막고, 경기 규칙을 고쳐서 상대편에 불리하게 운동장을 기울이는 것이라고 하면서, 트럼프는 세 가지 전략을 모두 시도했다고 분석했는데, 그로 인해 앞서 본 것처럼 트럼프는 이미 탄핵 위기에 몰리기도 했었다.

[Stop the Steal]

코로나 바이러스로 인한 펜데믹 상황에서 트럼프 행정부의 대응 실패로 차기 대선 여론조사에서 뒤지자 트럼프는 공공연하게 선거 불복을 말하였으며, 개표가 진행되는 도중에도 "내가 크게 앞섰지만 민주당이 선거를 훔치고 있다"고 주장하더니 패배가 확정된 이후에도 선거를 도둑질당했다고 주장하며 선거 결과를 인정하지 않았고, "도둑질을 그만두라(Stop the Steal)"는 구호를 외치며 지지자들을 선동하고, 법무부 장관으로 하여금 부정선거를 조사하도록 요구하고, 사기 선거라며 선거 소송을 제기하였다.

[바이든 대통령 당선]

그러나 트럼프의 선거 불복에도 불구하고 대통령 선거인단은 2020년 12월 14일 바이든을 제46대 미국 대통령으로 선출하였고, 상원과 하원이 의사당에서 2021년 1월 6일 선거 결과를 최종 인증하기로 되어 있었으며, 트럼프의 대통령 임기는 2021년 1월 20일까지였다.

[Save America]

트럼프는 1월 6일 의사당에 모여 선거 결과에 불복하고 저항할 것을 선동하였다. 트럼프 지지자들은 그날 엘립스 공원에서 '미국을 구하자(Save America)' 라는 집회를 열었는데, 그 집회에서 트럼프는 직접 연단에 올라 "불법적인 대통령을 맞이하게 되는 일이 일어나지 않게 선거 결과 인증에 맞서 싸워야 한다" 며 지지자들을 선동하였고, "의사당으로 가자"고 직접적이고 분명한 말로써 지지자들을 조종하였다. 그러나 정작 자신은 백악관으로 피한 채 TV생중계를 통해 의사당 폭동을 지켜봤으며, 폭동이 일어나고 적어도 30분 이상 아무런 조치도 취하지 않았다.

폭도들은 의사당에 난입하여 "트럼프 대통령이 우리를 보냈다. 펜스 부통령을 교수형에 처하라. 반역자들! 반역자들! 반역자들!"이라고 외치며, 의사당의 기물을 부수고, 의원실에 침입하여 난동을 부렸으며, 그 과정에서 경찰관 1명을 포함한 시민 5명이 목숨을 잃었다.

트럼프는 폭동이 진압된 이후 폭도로 변한 시위대를 향해 "큰 격차로 이긴 선거를 도둑맞았으니 여러분의 심정을 안다. 매우 소중한 사람들, 사랑한다"는 메시지를 남겼는가 하면, "선거 결과를 뒤집어야 한다는 내 요구에 응하지 않은 의회에 폭동의 책임이 있다"는 메시지를 남기는 등 미국 역사상 최초의 의사당 난입과 폭동 사태에도 불구하고 아무런 반성이나 사죄도 없었다.

[공화당의 동조와 트럼프의 대통령직 계속 수행]

미국 수정헌법에 의하면 부통령과 행정 각부 책임자 중 과반이 대통령이 직무를 수행할 수 없는 상태, 즉 직무 불능상태에 빠졌다고 서면으로 선언하는 경우 즉시 부통령이 대통령의 직무를 대행하도록 되어 있고, 이에 따라 민주당은 직무불능상태를 선언하지 않으면 탄핵 절차에 돌입할 것이라며 부통령을 압박하였다. 그러나 트럼프 내각은 참모들을 압도하는 카리스마와 보스 기질을 가진 트럼프를 비판하거나 직무불능을 선언할 만한 배짱이 없었다.

[민주당의 탄핵소추]

그리하여 민주당은 미국 역사상 가장 신속한 탄핵을 추진하였는데, 1월 11일 트럼프 대통령을 내란선동 혐의로 탄핵소추안을 발의하였으며, 1월 13일 하원에서 가결되었고, 1월 25일 상원에 접수되고, 2월 9일 변론을 거쳐 2월 13일 표결하였다.

트럼프는 탄핵소추가 가결되자 "폭력 사태는 분명하게 규탄하는 바이며, 미국을 위대하게 만들고자 하는 나의 운동은 법을 준수하는 것" 이라고 주장했다.

[탄핵소추 사유는 오직 하나 - 내란 선동]

트럼프에 대한 2차 탄핵소추장은 "내란 선동이라는 단 하나의 사유였는데, 트럼프가 연방정부에 대항하는 폭력을 선동함으로써 헌법을 수호하고 직무를 성실히 수행하겠다는 취임 서약과 법률이 충실히 집행되도록 돌보아야 할 헌법적 의무를 어기는 중대한 범죄와 비행을 저질렀다" 고 결론지었다.

2차 탄핵의 소추장에는 "내란과 반역에 가담한 사람은 연방의 공직을 맡을 수 없다" 는 수정헌법 제14조 제3항에 의해 트럼프는 미국의 대통령직을 더 이상 맡을 수 없다고 되어 있다. 그러나 수정헌법 제14조 제3항은 요건이 까다로운 탄핵 절차가 아닌 일반 법원에서 내란과 반역에 가담하였다고 인정되는 경우 트럼프를 공직에서 끌어내릴 수 있는 조항으로서, 임기가 불과 며칠밖에 남지 않은 상황에서 사실상 현실성이 없는 조항이었다. 그럼에도 불구하고 트럼프의 비행을 강조하고자 상징적으로 수정헌법 제14조 제3항을 언급한 것이다.

미국 민주주의 역사에서 트럼프 이전 200년 동안 단 2명의 대통령이 탄핵소추를 당하였는데, 트럼프는 불과 4년의 임기 동안 2번이나 탄핵소추를 당한 대통령이 되었다. 또한 임기 종료 후 2021년 1월 20일 바이든 대통령의 취임식에도 참석하지 않은 채 백악관을 떠난 대통령이자 임기가 종료된 이후에 상원의 탄핵심판을 받는 최초의 대통령이 되었다.

탄핵심판이 시작된 2월 9일에는 트럼프가 이미 미국 대통령이 아니었기 때문에 탄핵심판은 위헌이라는 주장이 제기되었으나 상원이 전직 대통령에 대한 심판권을 가진다고 결론이 났다. 소추위원은 트럼프의 행위는 내란 선동에 해당하며 헌법상 탄핵 사유인 '중대한 범죄와 비행'에 해당한다고 주장하였다.

[트럼프 변호인단의 아무말 대잔치]

이에 대해 트럼프의 변호인단은, 탄핵은 파면하고자 하는 절차로서 이미 대통령직에서 물러난 트럼프를 대통령직에서 파면하는 것은 불가능하다고 주장하는 한편, 미국 수정헌법 제1조 언론의 자유는 절대적이며, 트럼프의 발언은 폭동 선동이 아니라 정치적 발언이며, 언론의 자유의 보호를 받는다고 주장하였다.

또한 변호인단은 유래 없는 신속한 탄핵소추 절차로 인해 헌법상 사전통보와 반론권을 박탈하였다며 적법절차(Due Process Clause) 위반이라고 주장하고, 탄핵소추안이 가결된 후 즉시 소추장을 상원에 접수하지 않고 있다가 트럼프의 임기가 만료된 이후에 접수함으로써 대법원장이 아닌 민주당 상원의원이 탄핵심판을 주재하게 하려는 꼼수였다고 주장하였다.

[소추위원의 논리적 반박]

이에 대해 소추위원은 전직 대통령이라고 하더라도 탄핵심판을 할 수 있다면서, 파면할 수 없으므로 탄핵 대상이 아니라는 변호인단의 주장에 대해 파면은 탄핵의 당연한 귀추일 뿐이며, 파면이 아니더라도 자격 박탈이라는 법적 효과가 발생하고, 파면이 탄핵의 전제조건은 아니라고 주장했다.

또 트럼프가 자신의 믿음에 기반하여 '선거가 사기다, 내가 선거에서 이겼다' 고 주장하는 것은 가능하지만, 대통령으로서 선거 결과를 수용하지 않고 정권이양을 거부한 행위가 언론의 자유를 이유로 정당화될 수 없으며, 일반 시민보다 엄격하고 제한된 기준이 적용되어야 하며, 정부의 중요한 이익을 해치는 고위 공직자의 발언은 헌법의 보호를 받지 못하고, 즉각적인 불법행위를 촉발하거나 촉발할 수 있는 언행은 헌법의 보호를 받지 못한다는 대법원 판례에 따를 때 즉각적인 의사당 폭동을 유발한 트럼프의 1월 6일 연설은 헌법상 보호되는 언론의 자유의 대상이 아니라고 주장했다. 하버드 법대 로런스 트라이브 교수는 트럼프의 이날 발언을 '소방대장이 모여든 군중들에게 불을 지르라'고 선동한 것에 비유하였는데, 적절한 비유라고 생각하며, 트럼프의 주장은 마치 전장에서 무장한 군인들에게 진격하라고 명령하였으나 적을 살상하라는 것이 아니라 적진으로 가서 평화적으로 대화하고 타협하라고 했다는 것과 다름 없는 궤변에 불과하다.

[명백하고 현존하는 위험과 신속한 탄핵 절차]

유례없이 신속하게 진행된 소추 절차에 대해서도 소추위원은 소추 사유가 내란 선동 1개이며, 전 세계에 방송으로 보도되었고, 의원과 수많은 증인이 직접 지켜보았으므로 추가적인 조사나 증거 확보가 불필요했기 때문이며, 제2의 폭동 등 민주주의에 대한 추가적인 위협을 방지하기 위해서라도 신속하게 소추 절차를 진행하는 것이 불가결하였다고 주장하였다.

소추위원이 적절히 지적한 바와 같이 의사당 폭동이라는 사상 초유의 사태와 그로 인해 다수의 사상자가 발생한 사건에 대해 다수의 국민이 분노하였고, 트럼프 변호인단의 서툰 변론에 대해서는 같은 공화당에서조차 비난이 나왔다.

[탄핵심판 기각]

하지만 탄핵심판의 결과는 예측을 벗어나지 않았다. 트럼프 집권기간 동안 공화당과 민주당의 대립 및 국민의 정치적 양극화가 심화되었고, 그에 따라 탄핵심판도 정파적 표결을 벗어나지 못할 것이라는 예측이 많았는데, 2월 13일 상원의 표결 결과 57 대 43으로 비록 인용 의견이 많았으나 탄핵에 필요한 3분의 2, 즉 67표에 미치지 못해 탄핵소추는 기각되고 말았다. 의사당 폭동이라는 초유의 사태, 명백한 헌법과 민주주의 파괴행위에도 불구하고 공화당 의원 중 불과 7명만이 인용 의견이었을 만큼 트럼프 집권기 내내 대립과 양극화, 정파적 표결 경향은 두드러졌다.

탄핵심판정에서 의사당 난입과 폭동의 장면이 생생하게 촬영된 영상이 재생되었음에도 공화당 의원들은 임기가 종료된 전직 대통령을 파면할 필요가 없다는 궁색한 명분 뒤에 숨어서 트럼프에게 면죄부를 주었다. 이는 미국 민주주의의 실상과 위기, 의원은 국민 전체의 대표자라는 대의민주주의가 작동하지 못하는 한계를 보여주는 장면이라고 할 것이다.

[탄핵기각은 트럼프에 대한 면죄부]

2차 탄핵도 부결되자 트럼프는 거대한 마녀사냥이 새로운 국면을 맞았다고 하며 마치 자신의 결백이 확인되기라도 한 것처럼 또다른 선동을 시작하였다. 그러나 여론은 공화당 지지층에서조차 상원의 탄핵심판이 사실과 증거에 입각한 공정한 심판이 아니라 당파적 결정이었다는 비난으로 돌아섰다.

트럼프에 대한 2차 탄핵은 역대 어느 사건보다 더 기각되기가 어려운 사건이었고, 인용될 수밖에 없는, 유죄 가능성이 매우 큰 사건(Strong Case)이었으나, 결과적으로 부결되었다. 왜 그랬을까?

공화당원들에게 높은 지지를 받는 정치인인 트럼프, 정적에 대하여는 반드시 보복을 하는 트럼프, 다음 선거에서 또다시 대통령 후보가 될 수도 있는 트럼프와 맞섬으로써 자당인 공화당원들에게 비난을 받을 수 있다는 두려움 때문이었다고 하는 주장은 설득력이 있다. 그래서 그들은 두려움을 감추고 이미 대통령이 아닌 전직 대통령을 굳이 탄핵할 필요가 없다는 핑계 뒤에 숨은 것이다.

1차 탄핵에서 면죄부를 받은 트럼프는 '민주당이 사기꾼이라는 것을 알았다'고 말했는데, 실은 '원하는 대로 권한을 남용해도 아무런 책임도 지지 않는다는 교훈을 얻었을 것이다'고 말한 셔러드 브라운 민주당 상원의원이 트럼프의 속마음을 제대로 읽었다고 본다.

미국 합동참모의장 마크 밀리(Mark Milly) 장군은 트럼프가 대선에서 패배하자 쿠데타를 일으킬 수 있다고 보고 대책을 고민했다고 말했다. 이는 "바이든은 백악관에 들어가지 못할 것"이라고 말한 트럼프 자신의 언행에서 비롯된 현실적인 우려라고 할 것이다. 이처럼 강력하고 예측하기 힘든 트럼프의 언행으로 인해 공화당 의원들이 느꼈을 공포감은 배가되었을 것이고, 그러한 공포감이 탄핵을 부결시키게 했을 것이다.

그러나 왕의 귀환이 두려워서 절대자의 반지에 입맞춤한 사람들 때문에 그 왕이 4년 뒤에 부활하였으니, 그때 죽이지 못한 왕의 귀환으로 두려움에 떨어야 하는 것은 죄 없는 국민의 몫이 되었다.

[클린턴의 거짓말과 트럼프의 내란 선동]

"클린턴의 Sex & Lies는 유죄이지만 트럼프의 Lies & Capitol

Attack은 무죄"라고 한 미국 공화당 상원의원들의 판단은 다수 국민의 의지와 무관하게 정파적인 선택을 한 결과라고 한다면, 탄핵이 공화주의에서 필수적인 견제와 균형의 도구로서 더 이상 신뢰받기는 힘들 것이다. 탄핵은 오히려 정쟁의 도구로서 정치적 양극화를 부추기는 수단으로 전락했다고 보여지며, 이로써 미국 민주주의에 대한 신뢰가 훼손되었다는 점은 분명하다.

"남의 눈에 티끌조차도 보면서 내 눈에 들보는 못 본다"는 말처럼 클린턴의 부적절한 성행위와 그에 대한 클린턴의 거짓말을 탄핵 사유라고 주장했던 공화당은 실제로 자국민이 사망에 이르기까지 한 트럼프의 내란 선동과 그에 대한 거짓말에 대해서는 면죄부를 주는 표결을 한 것인데, 이는 요즘 우리 정치에서도 흔히 보는 '내로남불'과 다를 게 없어 보인다.

[트럼프 대통령은 미국 민주주의와 미국인들의 수준]

트럼프는 정치적 양극화를 가장 잘 이용한 정치인이다. 정파적 대립과 국민의 분열을 활용한 정치적 감각과 탤런트 덕분에 공화당에서 단번에 대통령 후보가 되고, 미국 대통령이 될 수 있었다.

"모든 국민은 자신의 수준에 맞는 정부를 가진다. 정치를 외면한 가장 큰 대가는 저질스러운 자들에게 지배를 당하는 것이다."

플라톤의 말처럼 정치의 수준을 결정하는 것은 결국 국민이다. 미국이, 미국 국민이 트럼프 대통령을 가진 것은 그들이 트럼프와 공화당에 대한 신앙과 같은 맹목적 지지를 보냈기 때문이며, 국민들이 사안마다 옳고 그름, 선과 악, 정의와 불의를 판단하지 않고 맹목적인 지지를 보낸다는 것을 알고 있는 공화당은 내란 선동으로 헌법과 민주주의는 물론 미국 자체를 파괴하고자 했던 트럼프에게 면죄부를 주었고, 결국 트럼프는 또다시 미국의 대통령이 되었다.

[탄핵당한 미국 대통령은 있으나 파면당한 대통령은 없다]

미국 헌법은 하원이 대통령에 대한 탄핵소추를 하고, 상원이 탄핵심판을 하도록 되어 있다. 지금까지 탄핵소추된 대통령은 앤드루 존슨 대통령과 빌 클린턴 대통령, 그리고 트럼프 대통령이 두 차례나 탄핵소추 되었으나 상원에서 탄핵심판으로 파면된 경우는 한 번도 없다.

한편, 리차드 닉슨은 하원에서 탄핵소추안이 발의되자 대통령직에서 사임함으로써 탄핵소추를 면했다.

[윤석열 대통령 탄핵심판 사건에 대한 기시감]

미국 대통령의 탄핵 사건 중에서 유독 트럼프의 탄핵 사건만을 상세히 살펴보는 이유가 있다. 탄핵소추 사유, 소추위원의 주장과 변호인단의 반박논리, 심판 결과와 그 근거 등은 물론이거니와 트럼프가 공화당의 대통령 후보가 되고, 대통령이 되고, 탄핵소추되는 과정까지도 어디선가 본 것만 같은 기시감이 들지 않은가?

트럼프를 윤석열로 바꾸면 바로 대한민국 20대 대통령 윤석열에 대한 탄핵심판 사건이라고 보아도 무방할 만큼 두 사건과 두 사람은 너무도 많이 닮아 있다. 미국 트럼프 대통령 탄핵 사건을 상세히 살피는 이유이다.

지금뉴스

KBS NEWS

탄핵심판 최종변론

"내 아들, 계엄군 될까 두려워"
아버지의 마음으로 달려갔다

출처: 이데일리

4장

대통령 윤석열 탄핵으로 본 탄핵의 조건

대통령을 탄핵하기 위해서는 대통령의 법 위배 행위가

헌법 질서에 미치는 부정적 영향과 해악이 중대하여,

대통령을 파면함으로써 얻는 헌법 수호의 이익이

대통령 파면에 따르는 국가적 손실을 압도할 정도로 커야 한다.

즉, '탄핵 심판 청구가 이유 있는 경우'란 대통령의 파면을

정당화할 수 있을 정도로 중대한 헌법이나

법률 위배가 있는 때를 말한다.

탄핵심판 / 결정 선고

　12.3 비상계엄이 선포된 2024년 12월 3일로부터 정확히 123일째 되는 날인 2025년 4월 4일 오전 11시, 윤석열에 대한 탄핵 심판 사건의 선고가 시작되었다. 온 국민이 숨죽이고 문형배 재판관의 선고를 청취하던 22분 동안 심판정은 기자들의 자판 두드리는 소리 외 숨소리도 들리지 않았다.

　"일치된 의견으로 주문을 선고합니다. 탄핵 사건이므로 선고 시각을 확인하겠습니다. 지금 시각은 오전 11시 22분입니다. 주문"

　드디어, 기필코, 끝내, … 아, 한숨인지, 탄식인지, 기쁨인지, 아픔인지, 허탈함인지 모를 감정에 북받쳤다. 끝났다. 이겼다.

[피청구인 대통령 윤석열을 파면한다]
　헌법재판소장 직무대행이자 재판장인 문형배 헌법재판관은

2025년 4월 4일 오전 11시 22분, 헌법재판소 대심판정에서 헌법재판관 8명 전원과 청구인 대한민국 국회 소추위원 국회 법제사법위원회 위원장(국회의원 정청래)과 대리인 변호사 17명 및 피청구인 대리인 23명의 변호사가 출석하고, 피청구인 대통령 윤석열은 역시나 출석하지 않은 가운데 2024헌나8 대통령(윤석열) 탄핵심판 사건의 주문 15글자를 낭독하였다.

"피청구인 대통령 윤석열을 파면한다."

문형배 재판관은 그날 오전 정각 11시부터 대심판정에서 탄핵심판 사건의 선고를 하였는데, 22분 동안 결정 이유를 상세히 설명하다가 설명을 멈춘 다음 재판정에 걸려 있는 시계를 보더니 2025년 4월 4일 11시 22분이라고 확인한 후 피청구인을 파면한다는 주문을 낭독했다. 그에 따라 윤석열은 그 시점부터 더 이상 대한민국의 대통령이 아니었다.

[탄핵결정문의 분량과 내용]

헌법재판소는 무려 115쪽에 이르는 장문의 결정문으로 탄핵 사유와 파면 이유를 일반 국민들도 쉽게 읽을 수 있는 문체로 설명하였으며, 탄핵심판 절차와 관련한 피청구인측 대리인들의 주장을 일일이 반박하였는데, 많은 사람들은 결정문이 그 자체로 헌법과 민주주의의 교과서이자 윤석열의 내란과 반헌법 행위에 대한 보고서라고 평가하였다.

무도한 대통령의 무도한 비상계엄 하에서 언론·출판·집회·결사의 자유는 물론 생명과 신체의 자유마저 박탈당할 뻔했던 피해자로서 국민 한 사람 한 사람들이 이 사건의 당사자라고 할 수 있으므로 반드시 모든 국민들이 결정문 원문을 읽어보기를 권한다. 115쪽에 이르는 방대한 텍스트에 읽기가 망설여진다면 결정문의 목차만이라도 또는 결론 부분만이라도 읽어보기를 바란다. 이 결정문 만으로도 국민들은 헌법과 민주주의, 법치주의에 대한 기본적인 지식과 소양을 얻을 수 있고, 학습된 국민들로 인해 앞으로는 어떠한 권력자도 감히 비상계엄과 내란을 시도할 수조차 없게 될 것이라고 확신한다.

[탄핵결정문의 목차 읽기]

결정문의 목차는 아래와 같으며, 그 중 〈11. 결론〉 부분은 4쪽에 불과하므로 이 부분만이라도 일독을 권한다.

사　건　　2024헌나8 대통령(윤석열) 탄핵

청 구 인　　국회

　　　　　소추위원 국회 법제사법위원회 위원장

　　　　　대리인 명단은 [별지1]과 같음

피청구인　　대통령 윤석열

　　　　　대리인 명단은 [별지2]와 같음

선고일시　　2025. 4. 4. 11:22

주문

피청구인 대통령 윤석열을 파면한다.

이유

1. 사건개요

　가. 사건의 발단

　나. 국회의 피청구인에 대한 탄핵소추의결 및 탄핵심판청구

　　(1) 2024.12.7. 1차 탄핵소추안 투표 불성립과 피청구인의

　　　추가 대국민담화

　　(2) 2024.12.14. 탄핵소추의결 및 탄핵심판청구

　다. 탄핵소추사유 및 청구인의 변론요지

　　(1) 이 사건 계엄 선포

　　(2) 국회에 대한 군경 투입

　　(3) 이 사건 포고령 발령

(4) 중앙선거관리위원회 등에 대한 압수 · 수색

(5) 법조인 체포 지시

(6) 헌법 및 법률 위반의 중대성

2. 심판대상

3. 적법요건 판단

가. 사법심사 가능성

나. 법제사법위원회의 조사절차 흠결에 대한 판단

다. 탄핵소추안의 반복 발의에 관한 판단

라. 기타 주장에 관한 판단

(1) 보호이익의 흠결 관련 주장

(2) 형법상 내란죄 등에 관한 소추사유 철회, 변경 관련 주장

(3) 정족수 미달 관련 주장

(4) 탄핵소추권의 남용 관련 주장

4. 탄핵의 요건

가. 직무집행에 있어서 헌법이나 법률 위배

나. 헌법이나 법률 위배의 중대성

다. 판단순서

5. 이 사건 계엄 선포에 관한 판단

가. 인정 사실

나. 판단

(1) 비상계엄 선포의 실체적 요건 위반 여부

(가) 비상계엄 선포의 실체적 요건

(나) 헌법 제77조 제1항 및 계엄법 제2조 제2항이 정한

위기상황의 발생 여부

1) 심사기준 및 쟁점

2) 이 사건 계엄 선포 사유에 관한 피청구인의 주장에

대한 판단

가) 더불어민주당의 탄핵소추 추진 및 국회의 탄핵소추

나) 더불어민주당의 법안 추진·반대 및 국회의 입법권 행사

다) 국회의 2025년도 예산안 심의

라) 그 밖의 더불어민주당의 활동

마) 부정선거 등

3) 소결

(다) 병력 동원의 필요성 인정 여부

(라) 계엄법 제2조 제2항이 정한 목적의 인정 여부

(마) 소결

(2) 비상계엄 선포의 절차적 요건 위반 여부

(가) 비상계엄 선포 절차의 헌법적 의의

(나) 국무회의 심의 절차 준수 여부

(다) 계엄 선포 절차 준수 여부

(라) 국회 통고 절차 준수 여부

(3) 헌법에 따른 국군통수의무 등 위반 여부

나. 판단

 (1) 헌법수호의 관점에서 법 위반이 중대한지 여부

  (가) 국민주권주의 및 민주주의에 대한 위반

  (나) 헌법이 정한 통치구조에 대한 부인

  (다) 국민의 기본권에 대한 중대한 침해

  (라) 피청구인은 이 사건 계엄이 야당의 …

  (마) 청구인이 피청구인의 이 사건 계엄 선포를 …

 (2) 국민의 신임을 배반한 행위에 해당하는지 여부

  (가) 국가긴급권 남용의 역사 재현

  (나) 대통령으로서의 권한행사에 대한 불신 초래

 (3) 소결

11. 결론

가. 대한민국은 민주공화국이다(헌법 제1조 제1항).

나. 피청구인은 야당이 다수의석을 차지한 제22대 국회와의 대립 상황을 병력을 동원하여 타개하기 위하여 이 사건 계엄을 선포하였다.

다. 우리 헌법은 기본적 인권의 보장, 국가권력의 헌법 및 법률 기속, 권력분립원칙, 복수정당 제도 등 국가권력이나 다수의 정치적 횡포를 바로잡아 민주주의를 보호할 자정 장치를 마련하고 있으므로, 피청구인으로서는 야당이 중심이 된 국회의 권한행사가 다수의 횡포라고 판단했더라도 헌법이 예정한 자구책을 통해 견제와 균형이 실현될 수 있도록 하였어야 한다.

　라. 민주주의는 자정 장치가 정상적으로 기능하고 그에 관한 제도적 신뢰가 존재하는 한, 갈등과 긴장을 극복하고 최선의 대응책을 발견하는 데 뛰어난 적응력을 갖춘 정치체제이다.

12. 재판관 이미선, 재판관 김형두의 보충의견

　가. 헌법재판소법 제40조의 의미

　나. 형사소송법상 전문법칙의 준용 문제

　다. 이 사건의 경우

　　(1) 수사기관이 작성한 사건 관련자들에 대한 피의자신문조서

　　　등의 증거능력

　　(2) 관련 형사사건에서 공범 관계에 있는 사람들에 대한

　　　조서의 증거능력

　　(3) 국회 회의록의 증거능력

　라. 결론

13. 재판관 김복형, 재판관 조한창의 보충의견

　가. 탄핵심판에서 전문법칙에 관한 헌법재판소의 태도

　나. 형사소송법상 전문법칙의 엄격한 적용 필요성

　　(1) 탄핵심판절차에 '형사소송법'의 우선 준용 취지

　　(2) 형사재판에서의 공판중심주의 경향과 반대신문 기회의 보장

　　(3) 탄핵심판절차의 구도와 운영

　　(4) 대통령 탄핵심판의 중대성과 절차적 공정성 확보 필요

재판장 재판관 문형배

　　재판관 이미선

　　재판관 김형두

재판관 정정미

재판관 정형식

재판관 김복형

재판관 조한창

재판관 정계선

[별지1]

소추위원 대리인 명단

[별지2]

피청구인 대리인 명단

[별지3]

피청구인의 2024.12.3.자 대국민담화 내용

[별지 4]

계엄사령부 포고령 제1호

탄핵의 배경과 / 탄핵소추 사유

　헌법재판소는 결정문에서 청구인 측이 제출한 증거에 의하여 인정된 사실을 기초로 국회가 피청구인 윤석열을 탄핵소추하기에 이른 배경을 먼저 설명하였다.

[탄핵소추에 이르게 된 경위-12.3 비상계엄 선포]

　대통령 윤석열은 2024. 12. 3. 22:27경 대통령실에서 "대한민국은 야당의 탄핵과 특검, 예산삭감 등으로 국정이 마비된 상태이며, 북한 공산세력의 위협으로부터 자유대한민국을 수호하고 헌정질서를 지키고자 비상계엄을 선포한다"며 대국민담화를 통해 비상계엄을 선포하고, 육군참모총장 박안수를 계엄사령관으로 임명하고, 박안수는 23:23경 계엄사령부 포고령 제1호를 발령하였다.

　한편 국회는 2024. 12. 4. 01:02경 비상계엄해제요구 결의안을 재석 190인 중 찬성 190인으로 가결하였으며, 윤석열은 04:20경 국무회의를 거쳐 비상계엄을 해제하겠다는 취지의 대국민담화를 발표하였고, 04:29경 국무회의에서 계엄해제안이 의결되었다.

이후 국회는 12. 4. 대통령(윤석열)에 대한 탄핵소추안을 발의하는 등 탄핵을 추진하였고, 이에 윤석열은 12. 7. 대국민 사과와 함께 자신의 임기를 포함한 정국 안정 방안을 자당인 국민의힘에 일임하겠다는 대국민담화를 발표하였으며, 국회는 그 날 제418회 국회(정기회)에서 탄핵소추안을 표결에 부쳤으나 의결정족수 부족으로 투표가 불성립하였다.

그 후 윤석열은 12. 12. 또다시 대국민담화를 발표하였는데, 야당의 탄핵 남발과 특검법 추진, 국가보안법 폐지, 예산 삭감 등으로 국정이 마비되고, 국가위기상황이 초래되었으며, 국가안보와 안전이 위협받고 있기 때문에 선관위 시스템을 점검하고, 국민에게 상황을 알리려는 경고 차원에서 계엄을 선포한 것이며, 병력을 투입한 것은 질서유지 차원에서 한 것으로서, 그럼에도 야당이 거짓으로 탄핵을 선동하는 이유는 야당 대표에 대한 유죄 선고가 임박하자 대통령 탄핵을 통해 야당 대표를 구하고, 조기 대선을 치르고자 하는 것이며, 비상계엄 선포 행위는 사법심사의 대상이 아니라는 것이 그 주요 내용이었다.

국회는 2024. 12. 14. 제419회 국회(임시회)에서 또다시 탄핵소추를 추진하여 재적의원 300인 중 204인의 찬성으로 가결하였으며, 그날 헌법재판소에 소추의결서 정본을 제출하여 탄핵심판을 청구하였다.

(2025년은 일제에 외교권을 넘긴 1905년 을사늑약으로부터 120년이 되는 해인 바, 사람들은 탄핵소추 표결에 불참하거나 반대한 국회의원 105인을 '을사 105적' 이라고 비난하였다)

[다섯 가지 탄핵소추 사유]

탄핵소추 의결서에 기재된 탄핵소추 사유는 크게 다섯 가지인데, ⅰ) 12.3 비상계엄 선포 행위, ⅱ) 무장한 군대와 경찰을 국회에 투입하고, 국회의원 및 직원들의 국회 출입과 본회의장 진입을 막은 행위 및 우원식, 이재명, 한동훈 등의 체포를 시도한 행위, ⅲ) 포고령을 발령한 행위, ⅳ) 군대를 중앙선관위, 여론조사꽃 등에 투입하고, 직원의 휴대폰을 압수하고, 체포·구금 계획을 세운 행위, ⅴ) 전 대법원장 김명수, 전 대법관 권순일 등 법조인에 대한 체포를 지시한 행위가 헌법과 법률을 위반하였으며, 이는 국가의 존립을 위태롭게 한 중대한 헌법과 법률 위배 행위로서 국민의 신임을 배반하여 국정을 담당할 자격을 상실할 정도에 이르렀기 때문에 파면해야 한다는 것이었다.

탄핵심판 청구의 / 적법 요건

 피청구인은 대통령의 행위는 통치행위로서 법원은 물론 헌법재판소의 사법심사의 대상이 될 수 없다는 왕조시대나 유신 헌법의 논리를 들이대며, 탄핵심판청구 자체가 부적법하다는 주장을 하였다. 이는 박근혜 대통령에 대한 탄핵심판 사건은 물론 긴급조치에 관한 대법원 판결 등에서 이미 사법심사의 대상이라고 여러 차례 확인된 바 있음에도 피청구인은 전혀 근거 없는 억지 주장을 이어갔다. 그럼에도 헌법재판소는 친절하게 피청구인의 주장에 대하여 일일이 법리를 재확인하고, 탄핵심판 청구가 적법함을 다시 한 번 확인시켜 주었다. 다만, 몇몇 적법요건에 대하여는 일부 재판관의 소수의견이 있었으나, 피청구인이 헌법과 법률을 중대하게 위배하여 국민의 신뢰를 배반하였으므로 파면해야 한다는 실체적 판단에서는 8명의 헌법재판관 전원이 일치되었음은 물론이다.

[소위 '통치행위' 와 사법심사 가능성]

대통령의 비상계엄 선포행위는 '고도의 통치행위'로서 사법심사의 대상이 아니라는 피청구인의 주장에 대해서 헌법재판소는, 대통령의 계엄선포권은 국가긴급권으로서 그 행사에 대통령의 고도의 정치적 결단이 요구되는 것은 맞지만, 헌법이 예정한 비상수단이므로 헌법이 정한 발동 요건·사후통제 및 국가긴급권에 내재하는 본질적인 한계가 엄격히 준수되어야 하며, 헌법과 계엄법에서 그 요건과 절차, 사후통제 등에 관해 규정하고 있고, 탄핵심판 절차는 고위공직자가 권한을 남용하는 경우 그 권한을 박탈함으로써 헌법 질서를 지키기 위한 수단이라는 점을 고려할 때 고도의 정치적 결단을 요구하는 행위라고 하더라도 계엄 선포행위는 사법심사의 대상이 된다고 판단하였다.

사실 국가긴급권과 같은 소위 대통령의 통치행위도 사법심사의 대상이 된다는 것은 헌법재판소는 물론 대법원에 의해 이미 수 차례 선언된 바 있어 이제는 더 이상 논란이 필요없는 확립된 판례이자 국민주권과 민주주의 및 법치주의의 기본 전제라고 할 것임에도 불구하고, 피청구인 및 대리인들은 해묵은 주장을 고수하였던 것에 불과하다. 왜냐하면 전시, 사변 등 국가비상사태 하에서 계엄을 선포할 수 있다는 대통령의 권한

또한 신이 부여한 것이 아니며, 헌법과 법률에서 부여받은 권한이라는 점과 그 선포 요건 및 절차 등이 헌법과 법률에 규정되어 있다는 사실 자체와 법치주의 원리 등에 비추어볼 때 계엄선포 행위가 소위 통치행위라는 이유만으로 사법심사의 대상이 될 수 없다고 한 대리인들의 주장은 그 자체로 민주공화국을 부정하는 것이자 왕정이나 독재를 전제한 봉건적이며 반민주적인 사고를 드러내는 것에 불과하기 때문이다.

[국회 조사절차 흠결 주장]

'국회법(제130조 제1항)에 의하면, 탄핵소추가 발의되면 법제사법위원회로 하여금 그 사유 등을 조사할 수 있도록 규정하고 있음에도 불구하고 청구인은 아무런 조사 없이 탄핵소추안을 의결하였으니 위법하다'고 피청구인이 주장하였는데, 피청구인은 구체적으로 '법사위의 조사절차는 필수적 절차로 해석해야 하며, 그렇지 않은 경우 피청구인의 방어권 행사가 곤란해지므로 헌법상 적법절차 원칙에 위반되며, 권력분립원칙 및 법치국가원리의 명확성 원칙에도 위반된다'고 주장하였다.

이에 대해 헌법재판소는, 국회법상 법사위 조사절차는 국회의 재량으로 규정하고 있으며, 탄핵소추 절차는 국회와 대통령이라는 헌법기관 사이의 문제로서, 사인으로서 대통령 개인의 기본권 침해가 문제되는 것이 아니므로 국가기관이 국민에 대하여 공권력을 행사할 때 준수되어야 하는 적법절차 원칙은 탄핵소추 절차에 직접 적용될 수 없고, 우리 헌법이 행정부와 사법부를 견제하기 위한 수단으로 고위공직자에 대한 탄핵소추권을 국회에 부여한 것 자체가 권력분립원칙을 구현한 것으로서, 법치국가원리를 위반하지 않았다고 판단하였다.

피청구인과 대리인들은 또한 국회법(제130조 제1항)에서 "조사하게 할 수 있다"고 조사 절차를 국회의 재량으로 명시적으로 규정하고 있음에도 불구하고, 자의적으로 법을 해석하여 필수적인 절차라고 주장하는가 하면, 대통령을 대통령직에서 파면하는 절차인 탄핵심판절차에서 '대통령이 아닌 사인이자 개인인 윤석열의 기본권이 침해되었다'고 주장하며 적법절차원리 또는 법치국가원리를 들먹이며 민사 또는 형사법원에서나 주장할 법한 논리를 폈으나 헌재는 이를 전혀 받아들이지 않은 것이다.

[일사부재의 원칙 위반 주장]

피청구인은 '동일한 탄핵소추안이 이미 2024. 12. 7. 국회 본회의에 상정되었으나 부결된 후 동일한 소추안이 다시 발의되어 12. 14. 가결되었으므로 이는 국회법(제92조)에서 정한 일사부재의 원칙에 위반된다' 고 주장하였다.

그러나 일사부재의 원칙이란 부결된 안건을 같은 회기에 다시 발의하거나 제출할 수 없다는 것을 말하는데, 1차 탄핵소추안은 2024. 12. 7. 제418회 국회(정기회)에서 부결되었고, 이 사건 탄핵소추안은 2024. 12. 12. 제419회 국회(임시회)에서 발의되어 12. 14. 제419회 국회(임시회) 제4차 본회의에서 가결된 것으로서 동일한 회기 중에 다시 발의된 경우라고 할 수 없고, 따라서 국회법을 위반한 것이 아니다.

일사부재의 원칙을 위반한 것이 아니라는 점을 피청구인 대리인들도 잘 알고 있었기 때문에 그들은 '설사 일사부재의 원칙을 규정하고 있는 국회법을 위반한 것은 아닐지 몰라도 대통령의 탄핵소추 요건을 다른 공무원들보다 엄격하게 규정한 헌법의 취지에 반한다' 는 주장도 동시에 하였는데, 이에 대해서도 헌법재판소는 탄핵소추권의 남용 등의 특별한 사정이 없는 한 단지 대통령에 대한 탄핵소추 요건이 엄격하다는 이유만으로 탄핵소추안의 발의 횟수를 1회로 제한할 수는 없다고 판시하여 피청구인의 주장을 모두 배척하였다.

피청구인이 저지른 12.3 비상계엄 선포 및 이를 전후한 조치들은, 헌법과 법률을 정면으로 위반하고, 대한민국 헌법이 채택한 민주공화국의 원리, 즉 국민주권과 민주주의 및 법치주의 원칙을 대놓고 무시하였으며, 실체적 요건도 전혀 충족되지 않았다. 그 뿐만 아니라 형식적 요건과 절차마저도 전혀 지키지 않았으며, 법에서 정한 절차를 준수하였다는 시늉이라도 하려는 성의조차도 보이지 않았던 대통령 윤석열이 적법절차 원리니 일사부재의 원칙이니 명확성의 원칙 등을 들먹이며 청구인이 이를 위반하였다고 하는 주장은 적반하장이며, 가소롭기 그지 없는 억지에 불과했다. 헌법재판을 희화화하려는 불순한 의도에서 비롯된 시도로밖에는 보이지 아니하여 씁쓸하기까지 하다.

[재판관 정형식의 보충의견]

정형식 재판관은 국회에서 탄핵소추가 부결될 경우 다른 회기 중에도 다시 발의하는 횟수를 제한하는 규정을 입법할 필요가 있다는 보충의견을 밝혔다.

국회법 제92조가 정하고 있는 일사부재의 원칙이 적용되는 안건의 종류나 유형에 제한이 없으므로 현행법상 탄핵소추안에 대하여도 별도의 정함이 없는 한 부결되더라도 다른 회기에서는 다시 발의될 수 있다.

그러나 탄핵소추안은 발의 시점에서 이미 발생한 과거의 헌법과 법률 위배행위를 소추 사유로 하고 있어 사정변경 가능성이 낮고, 반복적인 탄핵소추 발의로 인한 소추대상자의 지위 불안 및 국가 기능의 저하 우려가 크며, 탄핵소추 제도를 정쟁의 도구로 악용할 소지가 있다.

따라서 실질적으로 주요 소추 사유에 변동이 없는 탄핵소추안의 재발의는 제한될 필요가 있고, 탄핵소추의 성격과 본질, 국회의 탄핵소추 의사의 조기 확정과 헌법과 법률을 중대하게 위반한 고위공직자를 파면한다는 공익을 형량하여 입법자가 탄핵소추안의 발의 횟수에 관한 제한 규정을 마련할 필요가 있다고 본다는 보충의견이었다.

[을사 105적을 막을 장치는 있는가]

정형식 재판관의 지적처럼 현행 헌법과 법률에 따르면 탄핵소추안의 발의가 회기를 달리하는 경우 제한 없이 발의될 수 있고, 이 사건도 제418회 국회에서 부결되자 제419회 국회에서 다시 발의되어 의결되었다.

이 사건의 경우 더불어민주당 박찬대 원내대표가 2024. 12. 7. 제418회 국회 정기회 본회의장에서 표결에 참여해 달라고 호소하며 국민의힘 의원 105명의 이름을 한 명씩 일일이 목놓아 부르는 것을 여의도에 모인 수십만 시민들이 함께 들으며

그들이 본회의장으로 돌아오기를 기다렸으나 그들은 끝내 본
회의장으로 돌아오지 않았다. 국민들은 표결에 불참한 국민의
힘 의원 105명을 마침 2025년이 을사늑약 120년이 되는 을사
년이므로 을사 5적에 빗대어 '을사 105적'이라고 부르며 분노
를 표현했다.

  그리하여 곧장 다시 열린 제419회 국회에서 또다시 발의되
고 그제야 찬성 204표로 간신히 국회를 통과한 탄핵소추안이
었다는 점을 생각하면, '만약 탄핵소추안이 제419회 임시국회
에서도 통과되지 못했다면 어떻게 해야 했을까'를 생각하지
않을 수 없다. 그렇다면, 제420회 국회, 제421회 국회를 계속
열어서 이번 탄핵소추안은 반드시 통과시켰어야만 한다고 생
각한다. 입법론으로서 정형식 재판관의 보충의견을 존중하나,
이 사건처럼 명백한 내란에도 불구하고 정파적 이익만을 위해
탄핵소추안의 표결조차도 아예 참여하지 아니하는 경우에 대
한 방어적 수단도 함께 마련해야 한다고 생각된다.

[보호이익 흠결 주장]

  윤석열은 비상계엄이 국회의 해제 요구로 몇 시간 만에 해
제되었고, 아무런 피해도 발생하지 않았으므로 이 탄핵심판
은 보호이익이 흠결되어 심리를 계속할 필요가 없다는 주장

도 하였다. 그러나 헌법재판소는 계엄이 해제되었다 하더라도 계엄을 선포하고 이어진 일련의 행위들로 인해 탄핵 사유는 이미 발생한 것이며, 그것이 탄핵 사유로서 이유가 있는지를 심판하는 이익이 당연히 있다고 보았다.

윤석열은 자신의 탄핵심판에서 비상계엄 선포는 국회의 해제요구로 곧바로 해제되었고, 따라서 '아무 일도 일어나지 않았다'고 주장했다. 그러나 아무 일도 일어나지 않은 것이 아니라 국회의원 및 직원들과 시민들이 다치고, 국회 기물이 파손되는 등 객관적, 물리적, 가시적, 직접적, 구체적, 실제적 피해가 발생하였음은 물론, 민주주의의 후퇴와 외교 및 경제에 미치는 영향 등은 비록 구체적 수치로 계량할 수는 없을지라도 피해가 없다고 말할 수는 도저히 없는 것이다.

그럼에도 일국의 대통령이 장난처럼 선포한 경고성 계엄이 몇 시간 만에 해제되었으니 아무런 일도 일어나지 않았고, 피해도 없었다고 하는 인식 자체가 위험천만한 사고방식이 아닐 수 없고, 한심하기까지 하다.

다만, 과거 군사쿠데타나 내란폭동 사태와 달리 병력에 의한 살상행위가 일어나지 않았다는 점에서 아무 일도 일어나지 않았다고 주장하는 것이라면, 이는 총을 쏘고 무력을 사용해서라도 국회의원들을 끌어내라고 한 대통령의 차마 따를 수 없는 지시를 따르지 않은 군인들의 소극적인 용기와 총칼의 위협을 무릅쓰고 국회 담장을 넘은 국회의원 및 국회 앞으로 달려간 국민들의 용기 있는 행동의 결과이지, 윤석열이 아무 일도 하지 않았기 때문이 결코 아니다.

또한 비상계엄을 선포하고 위반하면 처단한다는 무시무시한 포고령을 발령하고 살상무기로 무장한 병력을 헬기에 태워 국회로 보내고 국회의사당으로 진입하여 기물을 파손한 행위들이 생중계로 전 세계에 실시간 방송되었는데, 비상계엄이 해제되었으니 대통령에 대한 파면 여부를 심판하는 탄핵심판 절차를 계속할 이유가 없다는 주장은 대꾸할 가치도 느끼지 못할 정도로 어이 없다.

[형법상 내란죄를 소추사유에서 철회하였다는 주장]

윤석열의 대리인들은 소추의결서에서 비상계엄 선포를 비롯한 일련의 행위가 형법상 내란죄(제87조, 제91조)에 해당한다고 주장하였으나, 심판준비절차에서는 이를 형법위반이 아닌 헌법위반 행위로 포섭하여 소추 사유로 삼겠다고 한 것을 문제 삼았는데, 이는 국회의 의결 절차 없이 새로운 소추 사유를 주장하는 것으로서 소추 사유 철회 내지 변경에 해당하여 부적법하다고 주장하였다.

청구인 대리인은 심판준비절차에서 소추 사유 중 '내란죄'에 대하여는 이를 철회한다고 진술하였는바, 윤석열 측은 이를 트집 잡아 소추 사유를 변경한 것이라고 주장한 것인데, 이 역시 억지이다.

청구인의 대리인들은 '내란죄'가 성립한다는 주장을 철회한 것으로 형사재판에서 판단되어야 할 내란죄의 성립 여부에 대한 판단, 즉 내란죄의 구성요건에 해당하며, 위법하고 책임이 인정되어 내란죄가 성립하는지 여부를 굳이 헌법재판소가 담당하는 탄핵심판절차에서 판단할 필요는 없으며, 실제로 헌법재판소에서 내란죄라는 범죄의 성립 여부를 심판할 권한도 없기 때문에 내란죄의 성립 여부에 대한 판단을 구하지 않는다는 취지의 주장을 한 것이다. 윤석열의 비상계엄 선포 및 국회침탈, 정치인 및 법조인 체포 행위 등이 내란 행위로서 헌법과 법률에 위배되는지 여부만을 심판하되, 내란죄가 성립하는지 여부는 심판할 필요가 없다는 주장을 한 것이다.

이에 헌법재판소는 국회의 의결 없이 탄핵소추 사유를 추가하거나 동일성을 벗어난 소추 사유로 변경하는 것은 허용되지 아니한다며 원칙을 선언한 다음, 다만 헌법재판소는 청구인이 주장한 법 규정 외에 다른 법을 적용할 수 있으므로 단순히 적용 법조문을 추가·철회·변경하는 것은 '소추 사유'의 추가 · 철회 · 변경에 해당하지 아니한다고 하면서, 청구인이 형법 위반행위, 즉 범죄행위로 구성하였던 사실관계를 헌법 위반행위로 포섭하는 것은 소추 사유의 철회 내지 변경에 해당하지 아니하고, 따라서 별도의 국회 의결 등 절차를 거치지 않아도 된다고 판단하였다.

헌법재판소는 탄핵심판을 포함하여 헌법과 헌법재판소법에 정하여진 헌법재판을 담당하는 곳이며, 범죄의 성립 여부와 양형에 관한 판단은 일반 법원의 형사재판에서 이루어지는 것이고, 형사소송법 등에서 그 절차는 물론 증거법칙 등 증거와 증명의 정도 등에 관하여 상세히 정하고 있다.

따라서 탄핵심판에서 내란죄의 유무죄를 심판할 수 없음은 자명하다 할 것인데, 탄핵소추의결서에 내란죄라고 썼다는 것을 트집 잡고, 내란 '죄' 부분을 철회한다고 한 청구인 대리인의 발언을 트집 잡아 대대적으로 언론플레이를 통해 국민을 호도한 것이다.

극단적인 예라서 비현실적이긴 하지만, 예를 들어 대통령이 민원 현장에서 화를 참지 못하고 사람을 때려 사망에 이르게 했다고 가정해보자. 대통령의 행위와 그로 인한 결과를 형사적인 측면에서 평가할 때 폭행치사죄(형법 제262조)가 성립할지 아니면 살인죄(형법 제250조 제1항)가 성립할지는 수사기관의 수사와 기소를 거쳐 형사법원에서 가려질 것이다. 그러나 탄핵사유로서 대통령의 행위는 대통령의 생명권 보호 의무에 관한 헌법 및 위 형법 규정 등을 위반한 것인지 여부를 판단하면 족할 것이고, 폭행치사죄 또는 살인죄의 성부가 반드시 헌법재판에서 가려져야 하는 것은 아닌 것과 같은 이치라고 할 것이다.

[정족수 미달 주장]

피청구인은 만약 소추 사유 중 형법상 내란죄가 포함되어 있지 않았다면 나머지 소추 사유인 비상계엄 선포행위만으로는 재적 국회의원 3분의 2의 찬성을 얻기 어려웠을 것이 명백하므로 탄핵소추 의결은 정족수에 미달된 것으로서 부적법하다고 주장하였다.

탄핵소추 사유를 내란 '죄'에서 내란 '행위'로 바꿔 주장하는 것은 탄핵소추 사유의 추가, 철회, 변경에 해당하지 않는다는 것은 앞서 본 대로이고, 윤석열의 행위가 위헌·위법한 내란행위에 해당한다는 주장은 여전히 유지하고 있음에도 불구하고, 소위 소추 사유 변경 프레임으로 몰아가고, 이에 더하여 만약 내란 '죄'라는 표현이 없었다면 국회 문턱을 넘지 못했을 것이라는 가정적 주장은 신박하기까지 하였다.

그러나 헌법재판소는 피청구인의 이러한 신박한 주장에 대해서도 탄핵소추안이 국회에서 재적의원 300인 중 204인의 찬성으로 가결된 사실이 명백하며, '만약 어쨌다면 어쨌을 것이다' 라는 주장은 가정적 주장에 불과하고 객관적인 근거도 전혀 없다는 이유로 윤석열 측의 주장을 가차 없이 배척하였다.

[탄핵소추권의 남용 주장]

윤석열의 대리인들은 국회의 과반의석을 차지한 야당이 대통령의 직무수행을 정지시키고 파면시킨 다음 대통령의 지위를 탈취하기 위하여 탄핵소추권을 남용한 것이라고 주장하였다. 물론 이 역시 아무런 객관적인 증거도 제시하지 않은 채 '아무 말 대잔치' 와 같은 수준에서 오로지 자신들의 '뇌피셜' 로 이같이 주장한 것에 불과했다.

헌법재판소도 국회가 헌법과 법률에 따라 절차를 준수하여 탄핵소추안을 의결하였고, 피청구인의 헌법과 법률 위반행위가 일정 수준 이상 소명되었으며, 탄핵소추 의결의 목적은 피청구인의 법적 책임을 추궁하고 같은 위반행위가 재발하는 것을 예방함으로써 헌법을 수호하고 유지하기 위한 것으로 보아야 한다고 하면서, 설령 탄핵소추 의결에 일부 정치적 목적이나 동기가 내포되어 있다 하더라도 이러한 사정만으로 탄핵소추권이 남용되었다고 볼 수 없다며 피청구인의 주장을 배척하였다.

[피청구인의 아무말 대잔치]

미국의 트럼프 대통령 탄핵 절차에서 본 것처럼, 피청구인 윤석열 대통령과 그 대리인들도 트럼프와 그의 변호사들처럼 말이 되든 안 되든, 법적으로 가능하든 안 하든 상관하지 않고 생각해낼 수 있는 모든 주장을 무조건적으로 마구 다 하였는데, 이는 아마도 탄핵심판 절차를 지연시켜 피청구인으로 하여금 더 오랫동안 대통령의 직위에 있게 하고자 한 전략에서 비롯된 것일지도 모르겠다.

헌법재판소는 피청구인의 주장에 대하여 일일이 그 인부를 판단해야만 하고, 따라서 그만큼 재판소의 결정은 시간이 더 필요했을 것이므로 적어도 그 범위 내에서 피청구인 측의 전략이 통했다고 할 수도 있겠다.

그러나 법적으로 유의미하거나 청구인 측 대리인의 입장에서 볼 때 위험한 주장은 전혀 없었으며, 모든 주장은 완벽하게 배척되었다. 결과적으로 탄핵심판 결과와 결정문의 설득력은 더 높아졌고, 파면 결정에 대한 정당성은 더 커졌다.

탄핵의 실체적 요건

헌법재판소는 탄핵 사유의 유무를 판단하기에 앞서 탄핵소추 자체의 형식적 요건에 관한 피청구인 측의 억지스런 주장을 일일이 논거를 들어가며 이유 없음을 설명하고 배척한 후 아래와 같이 실체적 요건을 증거에 의해 인정되는 사실관계를 바탕으로 하나씩 하나씩 판단해 나갔다.

[탄핵은 민주주의의 불가피한 비용]

헌법은 탄핵소추 사유를 '대통령이 그 직무를 집행함에 있어서 헌법이나 법률을 위배한 때'라고 명시하고(헌법 제65조), 헌법재판소가 탄핵심판을 관장하게 함으로써 탄핵절차를 정치적 심판절차가 아닌 규범적 심판절차로 규정하고 있다. 탄핵제도는 누구도 법 위에 있지 않다는 법의 지배 원리를 구현하고 헌법을 수호하기 위한 제도로서, 국민이 직접 선출한 대통령을 파면하는 경우 상당한 혼란이 발생할 수 있지만 이는 국가공동체가 자유민주적 기본질서를 지키기 위하여 불가피하게 치러야 하는 민주주의의 비용이다(헌재 2017.3.10. 2016헌나1 참조).

헌법에서 탄핵심판을 미국 등 다른 나라와 달리 국회가 아닌 재판을 하는 헌법재판소가 담당하게 한 것은 탄핵심판이 정치적 책임을 지우는 절차가 아니라 법적 책임을 묻는 사법절차이기 때문이다. 탄핵심판제도 자체가 법치주의를 구현하고, 직접 선출되어 민주적 정당성이 가장 큰 대통령을 파면함으로써 오는 혼란은 민주주의 제도를 수호하기 위한 불가피한 비용임을 헌법재판소가 박근혜 대통령 탄핵심판에서도 이미 선언한 적 있으며, 이번 심판에서도 그대로 원용되었다.

[헌법이나 법률 위배의 중대성]

탄핵 사유가 인정되는 경우 헌법재판소는 대통령을 파면하는 결정을 선고하게 되는데(헌법재판소법 제53조 제1항), 따라서 비록 대통령이 직무집행에 있어 헌법이나 법률을 위배하였음이 인정된다고 하더라도 파면 결정에는 신중을 기할 수밖에 없는바, 헌법재판소는 대통령의 법 위배 행위가 헌법질서에 미치는 부정적 영향과 해악이 중대하여 대통령을 파면함으로써 얻는 헌법 수호의 이익이 대통령 파면에 따르는 국가적 손실을 압도

할 정도로 커야 한다고 하여, '대통령의 파면을 정당화할 수 있을 정도로 중대한 헌법이나 법률 위배가 있는 때' 탄핵심판 청구를 인용할 수 있다고 보았다(헌재 2017.3.10. 2016헌나1 참조).

헌법재판소는 위와 같은 기준을 노무현 대통령에 대한 탄핵심판 청구사건(2004.5.14. 2004헌나1)에서 처음 밝혔는데, 위 사건에서 탄핵소추 사유 중 하나인 「17대 총선을 앞둔 시점에서 노무현 대통령이 방송기자클럽 초청 기자회견」에서 "대통령이 뭘 잘해서 열린우리당이 표를 얻을 수만 있다면 합법적인 모든 것을 다하고 싶다"고 한 발언 등이 헌법과 공직선거법이 정하고 있는 선거에서의 정치적 중립 의무를 위반하였고, 국가기관인 대통령이 국민의 자유로운 의사 형성 과정에 영향을 미치고 정당 간의 경쟁 관계를 왜곡해서는 안 된다는 헌법적 요청에 위반하였다」고 인정하면서도 대통령의 구체적인 법위반 행위에 있어서 헌법 질서에 역행하고자 하는 적극적인 의사를 인정할 수 없으므로 자유민주적 기본질서에 대한 위협으로 평가될 수 없다며 헌법과 법률 위배의 중대성이 인정되지 않는다는 이유로 탄핵심판 청구를 기각한 사례가 있다.

[탄핵재판은 사법심사인가 아니면 정치적 재판인가]
노무현 대통령에 대한 탄핵심판은 인용 의견이 재판관 6인

에 미치지 못하여 최종 기각되긴 하였으나, 헌법재판소는 심판의 변론과 결정의 선고는 공개하여야 하지만 평의는 공개하지 아니하도록 되어 있는 헌법재판소법 제34조 제1항을 이유로 각 재판관들의 기각 또는 인용 의견을 끝내 밝히지 아니하였다.

　그런데 그로부터 10여 년이 지난 이후 한 언론의 취재에 따르면 당시 9명의 재판관 중 3명의 재판관이 탄핵 인용, 즉 노무현 대통령을 파면해야 한다는 의견이었다고 한다.

　한편, 당시 헌법재판소장(윤영철 재판관)은 "대통령의 권한과 정치적 권위는 헌법에 의하여 부여받은 것이며, 헌법을 경시하는 대통령은 스스로 자신의 권한과 권위를 부정하고 파괴하는 것이다. 대통령은 법치와 준법의 상징적 존재로서 스스로가 헌법과 법률을 존중하고 준수해야 함은 물론이고, 다른 국가기관이나 일반 국민의 위헌적 또는 위법적 행위에 대하여 단호하게 나섬으로써 법치국가를 실현하고 궁극적으로 자유민주적 기본질서를 수호하기 위하여 최선의 노력을 기울여야 한다"는 부분을 결정문의 내용을 선고할 때 특별히 낭독하여 강조하였는 바, 파면할 정도로 헌법이나 법률 위배가 중대하지는 않으나 그렇다고 대통령의 잘못이 전혀 없다는 것은 아니라는 속내를 굳이 드러내며 노무현 대통령을 꾸짖고 훈계하였다.

헌법재판소 재판관은 대통령과 국회 및 대법원장이 각 3인을 임명하게 되어 있는 바, 국민이 직접 선출한 적이 없는 재판관으로서는 민주적 정당성이 거의 없거나 매우 약한 것이 사실이다. 그럼에도 일단 임명되면 6년의 임기가 보장되며 오로지 헌법재판은 재판관 개개인의 가치관과 양심에 맡겨지고, 국민의 여론과 전혀 다른 판단을 하더라도 견제할 장치가 전혀 없으며, 일반 법원의 재판과 달리 단심으로 진행되어 재판 결과에 불복할 수도 없다.

이번 윤석열 대통령에 대한 탄핵심판에서도 변론 종결 후 한 달이 넘도록 선고기일이 잡히지 않고 있던 2025년 3월 말, 소위 5:3 데드락에 걸렸다는 걱정과 그 걱정이 공포로 변하는 상황 속에서도 정치권은 물론 국민들은 무력감 속에서 허공에 대고 빈주먹을 휘두를 뿐 아무 것도 할 수 있는 것이 없었다.

헌법재판, 그 중에서 특히 대통령에 대한 탄핵심판을 미국처럼 국회와 같은 민주적 정당성을 갖춘 기관에 맡겨 사법심사가 아닌 정치적 심판을 하게 하는 것이 좋을 지, 아니면 지금처럼 헌법재판소가 사법심사의 일환으로 규범적 심판을 하는 것이 좋을지에 대한 고민과 함께 헌법재판소 재판관 선출절차에서 민주적 정당성을 좀더 부여할 수 있는 방안을 강구해야 할 때가 되었다는 생각이 드는 이유이다.

[판단순서 및 심판대상의 범위]

헌법재판소는 변론 준비 절차에서 탄핵 사유를 다섯 가지로 정리하였는 바, ① 비상계엄 선포, ② 국회에 군경 투입, ③ 포고령 발령, ④ 중앙선관위 압수·수색, ⑤ 법조인에 대한 위치 확인 시도의 위헌, 위법성이라고 정리한 다음 청구인 측에서 준비 절차에서 주장한 중앙선관위 직원들에 대한 체포·구금 관련 지시는 탄핵소추 의결서에 기재되어 있지 않다는 이유로 소추의결 이후 새로운 사실을 주장한 것이므로 판단하지 아니한다고 하였다.

헌법재판소는 중앙선관위에 무장 군인을 투입하여 압수·수색한 행위는 소추의결서에 기재되어 있으므로 그 행위의 위헌·위법성을 판단하되, 중앙선관위 직원을 체포·구금한 행위는 소추의결서에 적혀 있지 않다는 이유로 판단하지 않겠다는 소극적 태도를 보인 것인데, 중앙선관위에 군대를 투입한 행위와 그 군인이 압수·수색, 즉 선관위 직원들로부터 휴대폰을 압수하고, 서버를 수색하는 등의 행위 및 그 과정에서 군인들이 선관위 직원을 체포하고 일시 구금한 행위들이 각자 별개의 행위라기보다는 시간적, 공간적으로 서로 연결된 일련의 행위라고 보아야 함에도 단지 개별·구체적인 행위가 소추의결서에 적혀 있지 않다는 이유만으로, 즉 압수·

수색은 적혀 있으니 심판할 수 있고, 체포·구금 행위는 적혀 있지 않으니 심판할 수 없고, 그러니 심판하지 않겠다고 굳이 선언한 것이다.

그러나 헌법재판소의 이러한 태도는 소추의결서를 일반 형사사건의 공소장과 같이 보는 것으로서 매우 소극적인 태도라 아니 할 수 없고, 탄핵심판을 "형사재판이나 행정소송 등의 사법절차와는 다른 별개의 헌법재판"이라고 한 헌법재판소 자신의 결정과도 모순되는 태도라고 생각된다.

또한 헌법재판소는 법조인에 대한 '체포' 행위를 소추 사유로 삼은 소추의결서 및 청구인 측 주장에도 불구하고, '체포'라고 하지 않고 굳이 '위치 확인'을 '시도'한 행위라고 매우 조심스럽게 표현했는데, 이는 소추의결서에서 소추 사유로 삼은 내용과도 다를 뿐만 아니라 명백히 법조인에 대한 체포 시도이고, 헌법재판소 자신의 결정문에 의하더라도 체포·구금하기 위해 위치를 확인하고자 한 것이므로 이러한 행위는 '체포를 시도한 행위'라고 하거나 '체포를 준비한 행위'라고 하는 것이 합당한 표현이지 체포 이전 단계인 '위치 확인'이라고 쓴 다음 그것을 다시 '시도'한 행위라고 하는 것은 구체적 사실을 적절히 표현했다고 보기도 어렵다 할 것인 바, 헌법재판소의 너무 조심스럽고 소극적인 심판 태도를 지적하지 않을 수 없다.

한편, 헌법재판소가 결정문에서 전개한 방식, 즉 다섯 가지 소추사유를 개별적으로 분석하여 각각 헌법과 법률을 위배하였는지 여부를 심리하는 방식에 대해서도 다소 아쉬움이 있다.

이 사건은 피청구인이 어떠한 목적과 의도를 가지고 12.3 비상계엄을 선포하고, 포고령을 발령하여 정치활동을 금지하고, 국회에 군경을 투입하여 계엄해제 요구 등 국회의 활동을 저지하고, 주요 정치인과 자신의 정적 및 전직 법관을 체포·구금하고, 선관위 서버를 임의로 압수·수색하여 아무런 근거도 없는 부정선거 음모론을 조사하거나 조사하는 시늉을 하고자 했던 일련의 행위들이 하룻밤 새에 일어난 사건이자 사태이다. 이처럼 시간적으로 근접해 있고, 계획적이며 조직적인 행위들이 서로 유기적으로 연결되어 있으므로, 연결된 행위들을 일체로서 판단해야만 피청구인이 계엄을 통해 이루고자 했던 큰 그림, 즉 전체적인 목표나 계획, 동기를 확인하고, 내란행위의 전모를 밝힐 수 있다고 본다 그런 면에서 개개의 행위를 나누어 각각의 행위별로 위헌·위법성을 판단한 헌법재판소의 방식에 대해서는 다소 아쉬움이 있고, 피청구인의 거대한 음모나 내란행위의 궁극적 목적에 다가가기에는 한계가 있었다는 생각이 든다.

12.3 비상계엄 선포의 위헌·위법성

여하튼 헌법재판소는 다섯 가지 탄핵소추 사유의 위헌·위법성을 각각 판단하였는 바, 이하에서는 12.3 비상계엄 선포 행위의 위헌·위법성부터 하나씩 살펴보기로 한다.

[계엄 선포 요건 충족 여부에 관한 판단 재량 및 한계]

헌법 제77조 제1항은 계엄 선포의 실체적 요건으로 '전시·사변 또는 이에 준하는 국가비상사태가 발생할 것'과 '병력으로써 군사상의 필요에 응하거나 공공의 안녕질서를 유지할 필요가 있을 것'을 요구하고 있고, 계엄법 제2조 제2항은 비상계엄 선포의 요건을 보다 엄격하게 규정하고 있다. 즉 '전시·사변 또는 이에 준하는 국가비상사태'가 발생하고, '적과 교전 상태에 있거나 사회질서가 극도로 교란되어 행정 및 사법 기능의 수행이 현저히 곤란한 상태'가 발생할 것이 추가로 요구되며, 비상계엄의 목적이 '군사상 필요에 따르거나 공공의 안녕질서를 유지하기 위한 것'이라는 목적상의 한계를 정함으로써 추가적 요건으로 정하고 있다.

따라서 비상계엄은 위기상황이 발생할 우려가 있다는 이유만으로 사전적·예방적으로 선포할 수는 없고, 공공복리의 증진과 같은 적극적 목적을 위하여 선포해서도 안 된다.

다만, 위와 같은 실체적 요건이 갖춰졌는지 여부를 판단함에 있어서는 피청구인 대통령에게 일정 정도의 판단 재량이 인정되어 있다고 보아야 한다. 그러나 그렇다고 하더라도 판단재량은 주관적 확신만 존재하면 비상계엄을 선포할 수 있다는 의미는 아니며, 객관적으로 피청구인의 판단을 정당화할 수 있을 정도의 위기상황이 존재해야 하고, 그 판단이 현저히 비합리적이거나 자의적인 것이라면 헌법과 계엄법을 위반한 것으로 보아야 한다.

따라서 12.3 비상계엄 선포 당시 정치상황과 사회상황이 전시·사변 또는 적과 교전상태에 있지 않았음은 명백하고, 다만 피청구인은 국가비상사태로서 사회질서가 극도로 교란되어 행정 및 사법 기능의 수행이 현저히 곤란한 상황이었다고 주장하므로 그러한 판단히 현저히 비합리적이거나 자의적인 것이었는지를 살펴본다.

[국가비상사태였는가]

피청구인은 다수 야당이 차지하고 있는 국회가 ① 다수 고위 공직자를 탄핵하거나 탄핵을 시도하여 사법 및 행정 업무를 마비시켰고, ② 위헌적이거나 국익에 반하거나 정치적 편향성이 높은 법안을 여야 합의 없이 통과시키고, 여당이 추진하는 법안에 반대하였으며, ③ 주요 예산을 삭감하여 국가의 본질적 기능을 훼손하고, 마약천국, 민생치안 공백 상태를 만들어 안보 공백을 초래하였고, ④ 대통령 퇴진, 탄핵 집회를 여는 등 국회의 전횡으로 국정이 마비되고, 행정 및 사법의 정상적인 수행이 불가능한 상황이 되었다고 주장한다.

이에 대해 헌법재판소는 아래와 같이 피청구인의 주장을 일일이 논증하여 반박하고 배척하였다.

① 탄핵심판은 그 자체로 헌법 질서를 지키는 제도이며, 탄핵소추는 국회의 심의·의결 절차에 따라 진행되고, 탄핵소추로 권한 행사가 정지된다고 하더라도 권한대행자가 권한을 행사할 수 있어 탄핵으로 인한 입법 및 사법기능의 저하는 제한적이고, 헌법재판소가 탄핵심판청구를 각하하거나 기각할 수 있으므로 국회의 탄핵소추의결이 평상시의 헌법질서에 따른

권력행사 방법으로 대처할 수 없는 국가비상사태를 발생시킨다고 볼 수 없다.

② 법률안은 국회에서 심의·의결, 대통령의 법률안 공포 등의 절차를 거쳐 법률로서 확정되어야 그 효력이 발생되는 것이며, 입법과정에서 대통령은 재의요구권(거부권)을 행사할 수 있고, 이 경우 국회는 가중된 정족수로 법률안을 재의결하지 않으면 법률안은 통과되지 못한다. 따라서 피청구인이 주장하는 바와 같이 야당이 장악한 국회가 위헌적이거나 국익에 반하거나 정치적 편향성이 높은 법안을 여야 합의 없이 통과시키고, 여당이 추진하는 법안에 반대하였다고 하더라도 국가비상사태가 발생하였다고 볼 수 없으며, 간첩죄 관련 형법 조항의 개정이 지연되어 안보 불안의 염려가 있다거나 야당이 정부 추진 법안에 반대하여 정책 추진에 차질이 발생하였다고 하더라도 이로써 비상계엄 선포를 정당화할 수는 없다.

③ 비상계엄 선포 당시 국회는 정부가 제출한 2025년도 예산안을 심의하고 있었을 뿐 이에 대하여 본회의 의결이 이루어진 상태도 아니었는 바, 국회의장의 요청으로 여당과 야당이 계속하여 예산안에 대한 논의를 진행하기로 한 상황이었다. 이런 상황에서 예산결산특별위원회의 감액 의결이 있었다는 이유만으로 중대한 위기상황이 현실적으로 발생하였다고

보기 어렵고, 본회의에서 그대로 의결될 경우 장래의 치안 불안 등이 염려된다는 이유만으로는 비상계엄 선포를 정당화할 수 없다. 한편, 피청구인은 야당이 일방적으로 예산을 감액하였다고 주장하나 이는 사실이 아닌 바, 여야 간의 합의가 있었거나 아예 처음부터 정부안에도 포함되어 있지 아니하였던 것으로서, 피청구인의 주장은 거짓이다.

④ 더불어민주당이 대통령 퇴진, 탄핵 집회를 열어왔고, 개혁에 반대하였으며, 안보를 위협하고, 가짜뉴스를 살포하여 국가 사회를 혼란에 빠뜨렸으며, 당대표 이재명의 형사재판 관련 시위를 권장하거나 헌법재판관 구성을 방해하는 등 사법권의 작동을 방해하였다고 주장하며, 더불어민주당은 정당해산심판을 받아야 할 정당이라는 피청구인의 주장에 대하여 헌법재판소는, 대통령 및 여당과 다른 정치적 이념과 가치관을 추구하는 야당이 정부를 비판하고 견제하는 역할을 하는 것은 민주주의 체제에서 반드시 보장되어야 할 정당의 활동이라고 전제하고, 공직선거법이나 형법 및 위헌정당해산심판 등 평상시의 헌법질서에 따른 권력 행사의 방법 및 제도적 장치를 통해서 충분히 대처할 수 있는 것으로서 국가비상사태를 발생시켰다고 볼 수 없다고 하였다.

[부정선거 주장]

피청구인은 부정선거 의혹을 해소하기 위하여 계엄을 선포한 것이라며, 선관위가 헌법기관이고 사법부 관계자들이 선거관리위원회 위원으로 있어서 영장에 의한 압수·수색이나 강제수사가 사실상 불가능하여 부득이 비상계엄을 선포한 것이라는 주장도 하였는데, 우선 선관위는 선거소송에서 현장검증이나 압수수색에 응하여 왔고, 대통령의 시스템 개선 요구에도 성실히 응하여 왔는 바, 피청구인의 주장은 사실이 아닐 뿐만 아니라 그렇다고 하더라도 부정선거 의혹이 있다는 사정만으로 국가비상사태라고 할 수도 없다고 판시하였다.

[하이브리드전 주장]

피청구인은 비상계엄 선포 당시 북한, 중국, 러시아와 같은 국가들로부터 이른바 '하이브리드전' 상황이었다는 주장도 했는데, 단순한 추상적 가능성을 넘어 실제 위기상황이 발생하였다고 판단할 만한 객관적인 정황이 있었다고 인정할 수 없고, '하이브리드전'과 같은 비군사적 공격에 대하여 국회에 병력을 동원하여 대응할 수 있는 것도 아니라고 보았다.

[국가비상사태라는 피청구인의 주장은 망상에 불과]

피청구인이 주장하는 상황들이 실제로 발생한 것이라고 하여도 피청구인은 헌법이 대통령에게 부여한 평상시의 권력 행사 방법으로 대처하였어야 하며, 부정선거 의혹이나 이른바 하이브리드전 상황을 고려하더라도 전시·사변에 준하는 국가비상사태라고 본 피청구인의 판단은 객관적으로 정당화할 수 있을 정도의 위기상황이 계엄 선포 당시 존재하였다고 볼 수 없어서 현저히 비합리적이거나 자의적인 것으로 볼 수밖에 없다. 한마디로 헌법재판소는 피청구인이 아무런 객관적인 근거나 증거도 없이 혼자만의 미몽에 빠져 비상계엄을 선포한 것이라고 판단한 것이다.

[병력을 동원할 필요성 없었음]

비상계엄은 병력으로써 군사상의 필요에 응하거나 공공의 안녕질서를 유지할 필요가 있는 경우에만 선포할 수 있고, 경찰력만으로 위기상황을 수습할 수 있는 경우에는 비상계엄을 선포할 수 없다.

2025년 1월 19일 새벽 현직 대통령으로서는 최초로 체포된 윤석열에 대한 구속영장이 발부되자 그곳에 있던 윤석열 지지자들이 영장을 발부한 서울서부지방법원을 습격하여 출입문과 기물을 부수고 난입하여 판사실 등을 일일이 수색하며 영장을 발부한 판사를 찾아 린치를 가할 것처럼 협박하는 등 대한민국 최초로 사법부에 대한 폭동이 발생하였다. 그러나 이러한 폭동과 소요사태가 발생한 경우에도 일단은 경찰에 의한 진압과 수습이 가능한 경우라고 한다면 대통령이 비상계엄을 선포할 수 있는 국가비상사태 상황이라고 단정할 수는 없다는 것이다.

하물며 12.3 그날 밤에는 그 전날과 전전날과 다름없는 평온한 날이 이어지고 있을 뿐 아무런 소요나 사태도 없었음이 명백한바 비상계엄 선포의 요건을 아무리 눈을 씻고 찾으려도 찾을 수 없는 것이다.

[경고성 계엄, 호소용 계엄]

한편, 피청구인도 이 점을 잘 알고 있었는지 야당의 전횡과 국정 위기상황을 국민에게 알리고 호소하기 위한 '경고성 계엄', '호소형 계엄' 이었다고 주장한다. 그러나 국민들에게 호소를 하거나 경고를 하고자 하였다면 대국민담화나 헌법개정 또는 국민투표 부의권한 등을 통해 국민의 관심을 모으고 위기상황을 알려 경고를 하든 호소를 하든 했어야지 병력을 동원한 비상계엄을 선포한 것은 한마디로 미친 짓이었다. 그리고 '경고성 계엄', '호소형 계엄'이라는 것 자체가 존재할 수 없다. 중대한 위기상황을 병력으로써 극복하는 것이 비상계엄의 본질이므로 계엄의 선포가 단순한 경고에 그칠 수는 없는 것이기 때문이다.

[요건 불비를 자백]

피청구인은 야당의 전횡과 국정 위기상황을 국민에게 알리고 호소하기 위한 목적으로 즉각적인 해제를 전제로 하여 잠정적·일시적 조치로서 선포된 '경고성 계엄', '호소형 계엄'이라고도 주장하는데, 이는 주장 자체로 중대한 위기상황에서 군사상 필요에 따르거나 훼손된 공공의 안녕질서를 회복하기 위해 선포한 것이 아니라는 것으로서 위헌·위법한 비상계엄 선포였다는 자백에 다름 아니다.

게다가 피청구인은 뒤에서 보듯이 비상계엄을 선포하는 것에 그치지 않고 실제로 국회에 병력을 투입시켜 본회의장에서 "국회의원들을 끌어내라"고 지시하였으며, 정당활동을 제약할 의도로 주요 정치인에 대한 체포를 위해 위치확인을 지시하는 것에도 관여하고, 중앙선관위에 대한 압수수색과 법조인에 대한 위치확인 등에도 관여하였는 바, 단순히 국민에게 호소하기 위한 목적으로 계엄을 선포한 것으로 볼 수는 없다. 즉, 피청구인의 주장은 도저히 믿을 수 없는 새빨간 거짓말이다.

[비상계엄 선포의 절차적 요건 위반]

비상계엄과 같은 국가긴급권의 행사는 권력의 집중과 평상시 권력 통제 장치의 부분적 해제를 수반하므로 이를 남용하거나 악용하는 경우 헌법적 가치와 국민의 기본권이 침해될 위험이 매우 크다. 따라서 헌법은 국가긴급권의 남용과 악용을 방지하기 위하여 직접 그 발동 절차와 요건을 분명히 하고 있다.

그런데 피청구인은 잠정적·일시적 조치로서 경고성, 호소형 계엄이고, 고도의 보안성과 긴급성을 요하므로 절차 규정을 탄력적으로 해석하여야 한다고 주장하였다. 우선 경고성, 호소형 계엄이란 존재할 수 없고, 입헌주의 법치국가에서 국가권력은 언제나 헌법의 테두리 안에서 헌법에 규정된 절차에 따라 행사되어야 하므로 탄력적으로 해석하여야 한다는 피청구인의 주장은 그 자체로 이유 없으며, 헌법과 법률이 정한 모든 절차를 반드시 준수하여야 한다.

비상계엄 선포와 계엄사령관 임명은 국무회의 심의사항임에도(헌법 제89조 제5호, 계엄법 제2조 제5항, 제5조 제1항) 이를 거치지 않았으며, 계엄 선포 등 대통령의 모든 국법상 행위는 문서로 하여야 하며, 이에 국무총리와 관계 국무위원이 부서하여야 하는데(헌법 제82조), 비상계엄 선포문은 작성되었으나 부서한 사실은 인정되지 않는다. 또한 계엄 선포문을 공고하고(계엄법 제3조), 국회에 지체 없이 통고하여야 함에도(헌법 제77조 제4항, 계엄법 제4조 제1항) 피청구인은 이를 이행하지 않았다.

[중립적 국군통수의무 위반]

계엄은 병력으로써 위기상황을 대처하기 위해 선포되는 것이므로 필연적으로 대통령의 국군통수권 행사를 수반하게 되는데, 대통령은 헌법과 법률이 정하는 바에 의하여 국군을 통수하며(헌법 제74조 제1항), 국군은 정치적 중립 의무가 있으므로(헌법 제5조 제2항), 결국 대통령이 정치적 목적으로 국군통수권을 행사하여 국군을 이용하는 것은 중립적으로 국군을 통수하여야 할 헌법상의 의무를 위반한 것이 된다.

그런데 피청구인은 앞에서 본 것처럼 자신의 의견에 반대하는 야당이 다수 의석을 차지하고 있는 국회와의 대립 상황을 타개할 의도로 병력을 동원하기 위해서 비상계엄을 선포한 것이므로 헌법 제5조 제2항, 제74조 제1항을 위반한 것이다.

[비상계엄 선포 절차를 모두 준수하였다면 막을 수 있었을까]

헌법재판소는 피청구인이 국무회의 심의 및 문서주의와 관계 국무위원의 부서, 지체 없는 국회 통고 등 헌법과 계엄법이 정한 비상계엄 선포의 절차를 모두 거치고 준수하였다면 피청구인의 판단이 그릇되었다는 점을 인식하고 비상계엄 선포에 나아가지 않았을 수도 있었을 것인데, 그러한 절차를 무시하는 바람에 현저히 비합리적이거나 자의적인 판단으로 비상계엄을 선포하였다고 보았다.

그러나 실제로 12.3 그날 밤 용산 대통령실에서 있었던 국무총리나 몇몇 국무위원들이 모인 회의를 보면, 이것은 국무회의로서의 형식이나 실체를 갖추지 못해 국무회의라고 말할 수조차 없다. 국무회의로 본다고 하더라도 국무총리는 물론 자신의 직을 걸고 비상계엄 선포를 막았다는 국무위원이 도대체 단 한 명이라도 있었는지 알 수 없다. 오히려 몇몇 국무위원이나 국정원장 등 일부 참석자들은 비상계엄 선포와 후속 조치들에 동조하거나 지시를 따른 것으로 밝혀지고 있는 것을 볼 때, 가사 피청구인이 헌법과 법률이 정한 절차를 준수하였다고 하더라도 윤석열과 같은 독선적이며 권위적인 정부라면 위헌·위법한 비상계엄 선포는 끝내 막지 못했을 것이라고 본다. 따라서 이번 기회에 비상계엄 선포의 요건과 절차를 더욱 구체적으로 정하고, 국회 동의 등 사전 통제 장치 및 사후적 견제 장치를 마련해야 할 것이다.

국회에 대한 / 군경 투입

　피청구인은 국방부장관 김용현에게 국회에 군경을 투입하라고 지시하고, 경찰청장 조지호 및 서울지방경찰청장 김봉식에게 경찰을 동원하여 국회를 통제하라고 지시하고, 주요 정치인들에 대한 체포를 전제로 위치 확인을 지시하였다.

[국회에 군경을 투입하고 국회의원들을 끌어내라고 함]

　피청구인은 국방부장관에게 국회에 군대를 투입할 것을 지시하였다. 이에 군인들은 헬기 등을 이용하여 국회 경내로 진입하였고, 일부는 유리창을 깨고 본관 내부로 들어가기도 하였다.

　피청구인은 육군특수전사령관 곽종근, 수도방위사령관 이진우 등에게 '아직 의결정족수가 채워지지 않은 것 같으니, 문을 부수고 들어가서 안에 있는 인원들을 끄집어내라' 는 등의 지시를 하였다.

이에 대해 피청구인은 국회의원을 끌어내라고 지시한 사실은 없다고 주장하며 곽종근의 진술이 일관성이 없고 신빙성이 떨어진다고 주장하였다.

['인원' 이라는 말을 써본 적 없다는 윤석열의 거짓말]

한편, 윤석열은 이에 관하여 2025년 2월 6일 자신에 대한 탄핵심판 사건의 제6차 변론기일에 출석하여 증언한 곽종근 사령관의 증언 중 '아직 의결정족수가 안 채워진 것 같다. 안에 있는 "인원"들을 끄집어내라' 고 했다는 것에 대하여 자신은 의원이면 의원이지 '인원' 이라는 말을 써본 적이 없다고 주장했고, 대리인단은 끄집어내라고 한 안에 있는 사람은 군인들을 의미한다는 주장을 하여 논란이 되기도 했는데, 헌법재판소는 피청구인의 주장을 배척하였는 바, 결국 피청구인의 위와 같은 진술은 거짓말임이 확인된 셈이다.

헌법재판소는 의결정족수라는 용어를 사용한 점이나 당시 본회의장 안에는 다수의 국회의원들이 존재하였고, 군인은 없었던 점을 고려하면 끄집어낼 대상은 국회의원이라고 해석될 수밖에 없으므로 곽종근의 증언은 신빙할 만하고, 반면 피청구인의 주장은 믿기 어렵다며 거짓이라고 본 것이다.

[경찰을 동원한 국회 출입 통제]

피청구인은 경찰청장 조지호, 서울특별시경찰청장 김봉식을 대통령 안전가옥으로 불러 비상계엄 선포계획을 알려주고 경찰로 하여금 국회를 통제할 것을 지시하고, 군인들의 출동시각과 장소가 적힌 문건을 건넸다.

비상계엄이 선포되자 경찰청장 등은 피청구인의 지시에 따라 국회 출입을 전면 통제하다가 시민들의 항의로 국회의원 등 일부 출입을 허용했는데, 피청구인은 계엄사령관을 통해 경찰청장에게 모든 정치활동을 금지하며, 포고령을 위반하는 경우 처단한다는 내용을 알려주고, 직접 전화하여 국회 출입을 전면 통제하라고 지시하여 경찰청장이 국회 출입을 다시 전면 차단하도록 하였다.

[국회 통제를 지시하지 않았다는 윤석열의 거짓말]

이와 관련하여 피청구인은 경찰로 하여금 국회의원들의 출입을 통제하도록 지시한 사실이 없고, 오히려 김용현 국방부장관에게 출입을 막지 말라고 지시했다고 주장하였으나, 비상계엄 선포 전 조지호와 김봉식을 안가로 불러 국회 통제를 지시하였고, 김용현이 안가에서 조지호와 김봉식에게 그림을 그려가며 국회 주변 경력 배치에 관해 설명하는 것을 보았으며,

계엄사령관 박안수로 하여금 조지호에게 전화하여 포고령을 설명해주라고 한 것을 종합하면 피청구인이 국회 출입을 전면 차단하고 국회의원들이 국회로 들어가는 것을 막은 사실이 인정된다.

[주요 정치인들에 대한 위치확인 시도]

피청구인은 국정원 1차장 홍장원에게 전화하여 대공수사권을 줄 테니 국군방첩사령부를 도우라고 말하고, 김용현은 방첩사령관 여인형에게 국회의장 우원식 등 주요 정치인과 법조인 등 14명의 명단을 알려주고 합동수사본부가 꾸려진 뒤 체포할 수 있으므로 위치확인을 해두라고 지시하고, 여인형은 경찰청장 조지호와 홍장원에게 위 명단을 알려주고 위치확인을 요청하였으나 조지호와 홍장원은 협조하지 않았고, 방첩사령부 군 수사관들은 국회 앞에서 대기하다가 계엄이 해제되자 철수하였다.

피청구인은 위 명단과 관련하여 체포를 위한 위치확인 지시를 하지 않았다고 주장하며, 특히 홍장원과의 통화는 국정원장 조태용이 해외 출장 중이라고 오인하여 국정원장 부재 시 국정원을 잘 챙기라고 당부하는 전화통화였다고 주장하였다.

그러나 피청구인은 처음부터 홍장원에게 계엄 상황에서 국군방첩사령부에 부여된 임무와 관련된 특별한 용건을 전하고자 전화한 것이라고 봄이 상당하고, 계엄 선포 직후의 급박한 상황에서 단순한 격려 차원 또는 간첩 수사 업무와 관련된 일반적인 지시를 한 것이었다는 피청구인의 주장은 믿기 어려운 거짓말이라고 보았다.

[홍장원 증인에 대한 인신 공격과 증언 탄핵 시도]

피청구인은 청구인 측에서 신청한 증인 홍장원을 재차 증인으로 신청하였으며, 홍장원은 이례적으로 두 차례나 심판정에서 증언하였는데, 피청구인은 직접 홍장원을 신문하고자 하였으나 피청구인이 아직은 대통령으로서 증인을 압박할 수 있음을 염려한 재판장이 이를 불허하여 직접 신문하지는 못했다.

그런데 피청구인은 홍장원의 증인신문 이후 재판부에 진술을 자청하였는데, 홍장원 증인이 당시 술을 마셨다는 점과 국정원장이 부재 중임에도 술을 마셨다는 사실을 들어 홍장원의 인격을 폄훼하고 공직자의 부적절한 태도와 처신을 비난하였다. 그러나 피청구인 스스로도 인정하였듯이 자신도 식사 중 음주, 즉 반주를 즐긴다고 인정하였고, 밤늦게까지 술을 마시는 바람에 출근도 제대로 하지 않거나 심지어는 대통령의 출근 행렬조차 가짜라는 의혹을 받는 사람이 할 말은 아닌 것 같아 너무나 어이 없고 기가 막혔다.

[헌법과 법률 위반]

피청구인이 군경을 투입하여 국회의장 및 국회의원들이 국회에 자유롭게 출입하는 것을 방해하고, 국회의원들을 끌어내라고 지시함으로써 계엄해제요구권을 비롯한 국회의 권한 행사를 방해하였는 바, 이는 국회의 계엄해제요구권을 침해한 것이며, 대의민주주의 및 권력분립원칙에 위배되고, 국회의원의 심의·표결권 및 불체포특권을 침해한 것으로서, 특히 계엄 하에서는 더욱 두텁게 보호함으로서 국민의 기본권을 보장하고자 한 국회의원의 불체포특권을 무력화하는 헌법 위반행위이다.

당대표, 원내대표 등 정당기관의 활동은 정당 자신의 활동으로서 당연히 헌법에 의하여 보장되는 정당의 활동이며, 정당 소속 국회의원은 정당의 이념을 대변하는 동시에 국민 전체의 대표자의 지위를 가지는 바, 피청구인이 김용현 등을 통해 정당 대표 등을 체포할 목적으로 위치 확인을 지시한 행위에 관여한 행위는 정당활동의 자유를 침해한 것으로서 정당 설립의 자유를 보장하고 있는 헌법 제8조 제1항을 위반한 것이다.

평소 전시와 같은 비상상황을 전제로 하여 훈련해 오던 군인들은 계엄이 선포되고 출동 지시가 내려지자 개인화기 등 무기를 소지하고 국회로 출동하였다. 그러나 군인들이 맞닥뜨린 것은 적이 아니라 일반 시민이었고, 따라서 군인들은 시민들을 상대로 적극적으로 무력을 행사할 수 없었기에 국회의원들을 끌어내라는 지시를 이행할 수 없었다.

헌법제정권자인 국민은 우리의 아픈 헌정사적 경험을 토대로 다시는 군의 정치 개입을 반복하지 않고자 국군의 정치적 중립성을 헌법에 명시하였는데, 피청구인은 정치적 목적으로 군인들을 동원하여 시민들과 대치하게 하였는 바, 이는 국군의 정치적 중립성을 규정하고 있는 헌법 제5조 제2항을 위반하도록 하는 피청구인의 위헌·위법한 국군통수권의 행사의 결과이다.

[병력 투입은 질서유지 목적이었다는 윤석열의 새빨간 거짓말]

피청구인은 국회 관계자 및 시민들이 국회로 대거 몰릴 것을 대비하여 질서유지 목적으로 최소한의 병력을 투입하였으며, 계엄해제 요구안이 가결되자마자 즉시 병력을 철수하라고 지시하였다고 주장한다.

그러나 곽종근, 이진우, 여인형 어느 누구도 그런 지시를 전

달받은 사실이 없고, 국회로 출동한 군인들에게 구체적인 임무를 지시하지 않음으로써 군인들이 실제 비상상황을 전제로 마련된 매뉴얼대로 행동하는 것을 용인하였으며, 실탄 지급을 하지 않거나 병력을 철수한 것은 피청구인의 지시에 의한 것이 아니라 군인들이 스스로의 상황 판단에 따라 결정한 것이었다.

오히려 피청구인은 계획대로 국회의원의 본관 출입을 차단하고자 하였으나 계획대로 되지 않고 계엄해제 요구안 의결이 임박해지자 의결정족수가 채워지지 않도록 본회의장에 있는 국회의원들을 끌어내라는 지시를 한 것으로 보인다.

게다가 피청구인은 계엄해제에 적어도 며칠은 걸릴 것으로 예상하였으나 예상보다 빨리 끝났다고 자인하고 있고, 국회의 자금을 완전 차단하고, 국가비상입법기구 예산을 편성하라는 문건의 내용 및 국회는 비상계엄이 선포된 경우에도 특별한 조치의 대상에 포함될 수 없다는 점 등에 비추어 볼 때 질서유지 목적에서 국회에 병력을 투입한 것이라는 피청구인의 주장은 믿기도 수긍하기도 어렵다.

결국 피청구인은 군경을 투입하여 국회의장 및 국회의원들이 국회에 자유롭게 출입하는 것을 통제하고, 이들을 끌어내라고 지시하여 계엄해제 요구권 등 국회의 권한행사를 방해하고, 필요시 체포할 목적으로 각 정당 대표들에 대한 위치 확인 지시에 관여함으로써 대의민주주의, 권력분립원칙을 위반하고, 국회의원의 심의·표결권 및 불체포특권 등 헌법상 권한을 침해하고, 정당 활동의 자유를 침해하였다.

포고령 / 발령

　피청구인은 비상계엄을 선포한 다음 국방부장관 김용현을 통해 미리 준비한 포고령을 계엄사령관으로 하여금 발령하게 하였다. 포고령에 따르면 일체의 정치활동을 금지하는 것은 물론 국민의 기본권을 광범위하게 제한하고, 포고령을 위반하는 경우 처단한다는 무시무시한 내용이었다. 그럼에도 피청구인은 계엄은 호소용, 경고용이었으며, 포고령은 집행할 의사 없이 발령한 것이라고 주장하며, 비상계엄이나 포고령이 마치 '호수 위에 뜬 달 그림자' 같은 실체도 없는 장난같은 것이었다는 주장을 이어나갔다. 7개 조항으로 되어 있는 이 포고령에 위반하면 계엄법에 따라 처단한다고 되어 있는데, 모두가 장난이었단다. 기가 막혀 말이 안 나올 지경이다.

계엄사령부 포고령 제1호

자유대한민국 내부에 암약하고 있는 반국가세력의 대한민국 체제 전복 위협으로부터 자유민주주의를 수호하고, 국민의 안전을 지키기 위해 2024년 12월 3일 23:00부터 대한민국 전역에 다음 사항을 포고합니다.

1. 국회와 지방의회, 정당의 활동과 정치적 결사, 집회, 시위 등 일체의 정치활동을 금한다.

2. 자유민주주의 체제를 부정하거나, 전복을 기도하는 일체의 행위를 금하고, 가짜뉴스, 여론조작, 허위선동을 금한다.

3. 모든 언론과 출판은 계엄사의 통제를 받는다.

4. 사회혼란을 조장하는 파업, 태업, 집회행위를 금한다.

5. 전공의를 비롯하여 파업 중이거나 의료현장을 이탈한 모든 의료인은 48시간 내 본업에 복귀하여 충실히 근무하고 위반시는 계엄법에 의해 처단한다.

6. 반국가세력 등 체제전복세력을 제외한 선량한 일반 국민들은 일상생활에 불편을 최소화할 수 있도록 조치한다.

7. 이상의 포고령 위반자에 대해서는 대한민국 계엄법 제9조(계엄사령관 특별조치권)에 의하여 영장 없이 체포, 구금, 압수수색을 할 수 있으며, 계엄법 제14조(벌칙)에 의하여 처단한다.

2024.12.3.(화) 계엄사령관 육군대장 박안수

[포고령의 준비 및 발령]

피청구인은 2024. 12. 2.경 국방부장관 김용현이 군사정권 때의 포고령을 참고하여 작성한 포고령 초안을 보고 야간통행 금지 조항을 삭제할 것을 지시하고 나머지는 김용현이 작성한 대로 둔 채 승인하였다.

계엄사령관 박안수는 2024. 12. 3. 22:30경 계엄사령관으로 임명된 후 김용현으로부터 포고령 초안을 건네받고, 그대로 발령하라는 김용현의 명령에 따라 23:17경 포고령에 서명하고 발령하였다.

포고령은 계엄법과 결합하여 대외적으로 구속력이 있는 법규명령으로서 효력을 가지므로 포고령이 발령되는 즉시 모든 국민은 일체의 정치활동 등 포고령이 금지하는 행위를 하지 말아야 할 의무를 부담하게 되고, 이를 위반하는 경우 영장 없이 체포·구금·압수·수색을 당할 수 있으며, 계엄법에 따라 징역형에 처해질 수도 있다.

[집행할 의사 없는 포고령이었다는 윤석열의 거짓말]

피청구인은 계엄의 형식을 갖추기 위해서 상징적으로 포고령을 발령했을 뿐 집행할 의사는 없었다고 주장했다. 그러나 계엄을 선포하면 다른 조치 없이 곧바로 비상계엄의 효력이 발생하며, 만약 집행되지 않을 것이라고 생각했다면 야간통행 금지 조항만을 삭제할 이유도 없을 텐데도 이를 삭제한 것을 보면 오히려 나머지 조항들의 효력 발생이나 집행을 용인한 것으로 보아야 한다. 피청구인 스스로 국회의 반국가적 활동을 금지하기 위하여 포고령에 국회의 활동을 금지하는 내용을 포함시켰다고 주장하고 있는 점과도 모순되어 포고령을 집행할 의사가 없었다는 피청구인의 주장은 믿기 어렵다.

[포고령의 위헌 · 위법성]

포고령을 통하여 국회와 지방의회의 활동을 전면적으로 금지한 것은 물론 모든 정당의 활동을 전면적으로 금지하고, 일반 국민의 정치적 기본권, 언론 · 출판 · 집회 · 결사의 자유 등을 포괄적 · 전면적으로 제한하며, 그 행사를 범죄행위로 규정하였는 바, 헌법이 정한 대의민주주의, 권력분립원칙, 지방자치의 본질적 내용을 침해하고, 정당제도 자체를 부인하는 것이며, 국민주권주의 및 자유민주적 기본질서를 위반한 것이다.

또한 포고령은 국민의 기본권과 자유를 광범위하게 제한하는 내용을 담고 있다. 국민의 정치적 기본권, 언론 · 출판 · 집회 · 결사의 자유, 정당의 자유, 단체행동권, 직업의 자유, 신체의 자유를 침해하였고, 법관의 사전, 사후적 심사 장치도 두지 않은 채 영장 없이 체포·구금 등을 할 수 있도록 함으로써 영장주의 본질을 침해하고, 국회와의 대립 상황을 타개하고자 계엄을 선포하고 군인인 계엄사령관으로 하여금 포고령을 발령하게 함으로써 국군의 정치적 중립성에 반하여 국군통수권을 행사하였다.

중앙선관위에
대한
압수 · 수색

피청구인은 부정선거 의혹이 있다는 일부 유튜버들의 근거 없는 주장을 믿고, 계엄을 선포한 뒤 중앙선관위 등에 국군정보사령부, 국군방첩사령부 등 군인을 투입하여 서버를 임의로 가져다 포렌식을 비롯한 수사를 하고자 했던 것으로 보인다.

[선관위에 군인을 투입]

부정선거 의혹이 해소되지 않았다고 생각한 피청구인의 지시로 국군정보사령부 소속 군인들이 중앙선관위 과천청사에 들어가 당직자들의 휴대폰을 압수하고, 직원들의 출입을 통제하고, 선관위 서버 등 전산시스템을 촬영하였다. 또한 육군특수전사령부 소속 군인들은 중앙선관위 과천청사, 관악청사, 수원연수원으로 출동하여 건물 내외부에서 경계근무를 하였다. 게다가 국군방첩사령부 소속 군인들은 부정선거 의혹을 확인하기 위하여 선관위 서버 등 전산시스템을 확보하라는 지시를 받고 선관위로 출동하였다.

[영장주의 위배, 선관위의 독립성 침해]

피청구인은 각급 선거관리위원회 위원장이 법관이므로 법원의 영장에 의한 압수 · 수색을 통해서는 부정선거 의혹 확인이 사실상 불가능하므로 부득이 군인을 동원하여 이를 확인하고자 했다고 주장했다. 피청구인의 주장에서도 알 수 있듯이 피청구인은 결국 영장 없는 압수 · 수색 등 강제처분을 지시한 것이며, 이는 헌법과 계엄법상의 영장주의 예외에도 해당하지 않으므로 그 자체로 영장주의 원칙에 위배된다. 또 헌법과 법률이 예정하지 않은 방법으로 군대를 동원하여 중앙선관위 청사에 무단으로 들어가 서버 등을 압수 · 수색한 것으로서 선관위에 대한 부당한 간섭이자 선거가 지니는 본래의 민주정치적 기능에 위협을 가하는 행위로서, 선관위의 독립성을 철저히 보장하고자 하는 우리 헌법의 취지에 반하는 것이다.

피청구인은 부정선거에 관한 의혹을 해소할 필요가 있었다고 주장하나, 이를 이유로 한 전산시스템의 점검이 선관위의 기능이 마비되는 것을 방지하거나 선관위 기능을 유지 · 회복

하기 위하여 병력을 동원하면서까지 반드시 취하여야 할 조치
에 해당한다고 보기 어렵다.

법조인에 대한 / 체포 준비

　피청구인은 위에서 본 것처럼 국회의장, 야당 대표 등 주요 정치인들은 물론 전직 대법관 등 법조인들에 대해서도 계엄 선포 후 체포하려고 한 것으로 보인다. 왜 해당 법조인들을 체포하려고 했는지는 알 수 없으나, 법조인을 체포하려고 했다는 사실 자체로 사법부와 재판의 독립을 침해한 것은 아닌지 문제되었다.

[법조인에 대한 위치확인 시도]

　피청구인은 계엄 선포 직후 국정원 1차장 홍장원에게 전화하여 국군방첩사령부를 도우라고 하였다. 국군방첩사령관 여인형은 김용현으로부터 정치인과 법조인 등의 명단과 함께 체포를 전제로 위치확인 등을 지시받아 경찰청장 조지호와 홍장원에게 명단을 불러주며 위치확인을 요청하였으나, 조지호와 홍장원이 실제로 위치확인을 하지는 않았다.

피청구인이 명단에 적힌 사람들에 대하여 체포까지 할 것을 지시하였는지는 불분명하다 하더라도 필요시 체포할 목적으로 행해진 위치확인 시도가 피청구인의 의사와 무관하게 이루어졌다고 보기 어렵고, 명단에는 전 대법원장 김명수 및 전 대법관 권순일 등 법관이 포함되어 있었다.

[사법부의 독립과 재판의 독립을 침해]

헌법이 보장하는 사법권의 독립은 법원의 독립, 법관의 재판상의 독립 및 법관의 신분 보장 등으로 구성되어 있다. 이는 권력분립원칙을 중추적 내용으로 하는 자유민주주의 체제의 특징적 지표이자 법치주의의 한 요소를 이룸과 동시에 국민의 재판청구권을 올바르게 보장하기 위한 수단이 된다.

그런데 행정부의 수반인 피청구인이 전 대법관을 체포할 의도로 위치확인에 관여함으로써 현직 법관에 대한 위협이 될 수 있고, 개별 법관의 신분 보장 및 재판상 독립에 영향을 주는 행위는 종국적으로 법원 전체의 독립을 뒤흔드는 결과로 이어져 사법권 독립의 제도적 기반까지 무너뜨리는 행위이다.

대통령 윤석열을
파면할 만큼
법 위반이
중대한가?

국회는 대통령이 그 직무집행에 있어서 헌법이나 법률을 위배한 때에 탄핵소추를 의결할 수 있다(헌법 제65조 제1항).

앞에서 보았듯이 헌법재판소는 피청구인 대통령 윤석열이 ⅰ) 비상계엄을 선포하고, ⅱ) 국회에 군경을 투입하였으며, ⅲ) 포고령을 발령하고, ⅳ) 중앙선관위에 대해 압수·수색을 하고, ⅴ) 법조인에 대한 위치 확인 시도를 한 행위가 모두 헌법과 법률에 위배되는 행위였음을 논증하였다.

그렇다면 피청구인의 위헌·위법적인 직무집행이 확인되었으므로 피청구인을 파면하면 되는 것인가? 그렇지는 않다.

헌법재판소는 '탄핵심판 청구가 이유 있는 경우'에 피청구인을 파면하는 결정을 선고하도록 규정하고 있는 바(헌법재판소법 제53조 제1항), 대통령에 대한 탄핵심판 사건에서 '탄핵심판

청구가 이유 있는 경우' 란 대통령의 파면을 정당화할 수 있을 정도로 중대한 헌법이나 법률 위배가 있는 때를 말한다(헌재 2017. 3. 10. 2016헌나1 참조).

[탄핵심판 청구를 인용할 수 있는 경우]

헌법재판소는 대통령에 대한 탄핵심판 청구가 '이유 있는 경우' 란 대통령의 파면을 정당화할 수 있을 정도로 중대한 헌법이나 법률 위배가 있는 때를 말한다고 해석하였으며, 중대한지 여부를 판단하는 기준 또한 아래와 같이 선언하였다.

첫째, 탄핵심판 절차가 헌법을 수호하기 위한 제도라는 관점에서 파면을 통해 손상된 헌법질서를 회복하는 것이 요청될 정로로 대통령의 법 위배행위가 중대한 의미를 가지는 경우, 둘째 대통령이 국민으로부터 직접 민주적 정당성을 부여받은 대의기관이라는 관점에서 대통령에게 부여한 국민의 신임을 임기 중 박탈하여야 할 정도로 대통령이 법 위배행위를 통하여 국민의 신임을 배반한 경우에 한하여 중대한 헌법이나 법률 위배라고 할 수 있고, 탄핵심판 청구가 이유 있는 경우라고 하였다.

[헌법수호 관점]

아래에서는 헌법수호의 관점과 국민의 신임을 배반하였는지의 관점에서 피청구인의 행위가 헌법과 법률을 중대하게 위배하였는지 여부를 검토하기로 한다. 먼저 헌법수호의 관점에서 본다.

[국민주권주의 및 민주주의에 대한 위반]

대한민국은 민주공화국이다(헌법 제1조 제1항). 대한민국의 주권은 국민에게 있고, 모든 권력은 국민으로부터 나온다(헌법 제1조 제2항). 헌법은 민주주의를 통치 형태로 채택하고 있고, 국가권력의 근원과 주체가 국민이며, 국민만이 국가의 정치적 지배에 정당성을 부여할 수 있다는 국민주권주의를 선언하고 있다. 이는 국가권력의 형성과 행사가 특정 계급이나 특정 집단에 의해 독점적으로 지배되지 않는다는 것을 선언하고 있는 것이며, 국민주권과 민주주의는 대의민주주의 원리로 구체화된다. 한마디로 국회는 국민주권주의에 입각한 민주국가를 실현하는 국민의 대표기관이다.

그런데 피청구인은 계엄 선포 및 포고령을 발령하고, 국회에 군경을 투입시켜 출입을 통제함으로써 국회 활동을 제한하고, 국민이 정치적 반대의사를 표시하는 것을 원칙적으로 배

제하고자 모든 국민의 정치적 표현의 자유를 전면적·포괄적
으로 박탈하였다.

이러한 행위는 자유민주적 기본질서를 침해한 것으로서 국
민주권주의 및 민주주의에 대한 중대한 위반행위에 해당하고,
그로 인해 헌법질서에 미친 부정적인 영향도 엄중하다.

[헌법이 정한 통치구조에 대한 부인]

우리 헌법은 권력분립원칙을 채택하고 있고, 아픈 역사적
경험에 대한 반성으로 국군의 정치적 중립성을 명시하고, 선
거 및 투표 관리 등에 관한 사무를 일반 행정업무와 기능적으
로 분리해 독립된 헌법기관인 선관위에 맡겼으며, 대통령의
국회해산권을 폐지하고, 국회에 계엄해제요구권을 부여하여
견제할 수 있도록 하고 있다.

그러나 피청구인은 국회와의 대립 상황을 타개할 의도로 계
엄을 선포하고, 포고령을 발령하였으며, 국회와 선관위에 군
경을 투입하고, 법조인 체포를 위한 위치확인 등의 행위를 하
였다. 이는 헌법이 정한 통치 구조에 부합하게 권한을 행사하
지 아니하고 계엄선포권 및 국군통수권을 남용하여 국회, 지
방의회의 권한, 사법권 및 선관위의 독립성을 침해하였으며,
국군의 정치적 중립성을 훼손하였으므로, 이는 법치국가의 원

리를 위반한 행위에 해당하고, 그 위반의 정도와 그로 인하여 헌법질서에 미친 부정적 영향도 중대하다.

[국민의 기본권에 대한 중대한 침해]

피청구인은 헌법과 법률을 위반하여 계엄을 선포하고 포고령을 발령하여 국민의 기본권을 포괄적·전면적으로 침해하였으므로 법 위반의 정도가 엄중하고, 헌법질서에 미치는 부정적 영향도 매우 크다.

피청구인은 즉각적인 해제를 전제한 잠정적·일시적 조치로서 경고성 계엄, 호소형 계엄에 불과하며, 국회가 신속하게 계엄해제요구 절차를 진행하였을만큼 의정 활동이 정상적으로 이루어졌고, 실제로 약 6시간 만에 계엄을 해제하였으며, 실제로 정치적 표현의 자유가 억압되거나 정치인에 대한 체포가 이루어지지 않았으므로 법 위반이 중대하지 않다고 주장한다.

그러나 앞서 본 것처럼 경고성 계엄, 호소형 계엄이라는 것은 있을 수도 없으며, 피청구인이 선포한 계엄은 경고성, 호소형 계엄에 불과한 것이 아니었고, 계엄 선포와 포고령을 발령한 사실 자체로 국민의 기본권을 광범위하게 침해한 것으로서 이러한 일련의 행위들은 법치국가 원리와 민주국가 원리를 구성하는 기본 원칙들을 위반한 것이며, 헌법질서를 침해하고 민주공화정의 안정성에 심각한 위해를 끼친 것으로 헌법수호의 관점에서 용납될 수 없는 중대한 법 위반에 해당한다.

한편, 피청구인의 국회 통제에도 불구하고 국회가 신속하게 비상계엄해제요구 결의안을 가결시킬 수 있었던 것은 시민들의 저항과 군경의 소극적인 임무 수행 덕분이었을 뿐이므로, 계엄해제요구안이 신속하게 가결되었다는 결과로 인해서 피청구인의 법 위반이 중대하지 않다고 볼 수 없으며, 국회의 계엄해제요구에 따라 결국 계엄을 해제하긴 하였으나 이로써 이미 피청구인이 행한 법 위반 행위가 중대하지 않다고 평가할 수는 없다.

또한 탄핵소추 사유로서 내란죄 등 형법 위반 여부에 대한 판단은 없었으나 그와 관련된 사실관계에 대한 심리를 거쳐 헌법 및 계엄법 등 위반에 대한 판단을 한 후 이를 토대로 법 위반의 중대성을 판단하였으므로 법 위반의 중대성에 대한 헌법재판소의 판단이 잘못되었거나 부족하다고 볼 수도 없다.

[국민이 부여한 신임을 배반한 것인지의 관점]

다음은 피청구인이 국민이 부여한 신임을 배반하였으므로 임기 중이라도 피청구인을 파면함으로써 신임을 거둬들여야 할 만큼 헌법과 법률 위배가 중대한 것인지의 관점에서 본다.

[국가긴급권 남용의 역사 재현]

우리나라 국민은 국가긴급권의 남용에 희생당해 온 아픈 경험을 가지고 있다. 1952년 이승만 대통령은 부산정치파동을 일으켜 계엄을 선포한 후 대통령 직선제 개헌안을 통과시켰으며, 박정희 대통령은 1971년 국가비상사태를 선포하고, 국가보위에 관한 특별조치법을 제정하여 스스로 비상대권을 대통령인 자신에게 부여하였다.

박정희 대통령은 1972. 10. 17. 비상계엄을 선포하고 이른바 유신체제라는 제왕적 통치체제를 열었으며, 1979. 10. 18. 부마민주항쟁을 탄압하기 위해 비상계엄을 선포하였다. 이후 10.26. 사태가 발생하고 전두환, 노태우 등 하나회가 주축이 된 신군부 세력은 이른바 12.12 군사반란을 일으켜 군의 지휘권과 국가정보기관을 장악한 뒤 정권을 탈취하기 위하여 1980. 5. 17. 비상계엄을 전국으로 확대하였다.

국가긴급권의 심각한 남용은 비상계엄뿐만 아니라 유신헌법에 근거한 9회에 걸친 긴급조치권의 발동에서도 나타났고, 이러한 국가긴급권의 남용으로 국민의 기본권은 광범위하게 침해되었다.

박정희 대통령의 유고를 이유로 1979. 10. 27. 선포된 비상계엄이 1981. 1. 24. 해제된 이후 김영삼 대통령이 1993년 금융실

명제를 전격 실시하고자 긴급재정경제명령을 발령한 이외에는 국가긴급권이 행사되지 않았는 바, 이는 민주주의가 정착되고 국민의 헌법수호 의지가 확고해진 결과라고 해야 할 것이다.

[45년 만의 비상계엄으로 인한 충격]

그런데 피청구인이 약 45년 만에 정치적 목적으로 비상계엄을 선포하여 국가긴급권을 남용함으로써 다시는 이 땅에 국가긴급권이 정치적인 목적으로 남용되지 않을 것이라고 믿고 있었던 국민들에게 큰 충격을 주었으며, 대외신인도 추락, 정치적 불확실성으로 인한 외교적, 경제적 불이익 등 국익을 중대하게 해하였음이 명백하다.

결국 우리의 헌정사적 맥락에서 계엄 선포 및 조치들이 국민에게 준 충격과 국가긴급권의 남용이 국내외적으로 미치는 파장을 고려할 때 피청구인이 자유민주적 기본질서를 수호하고 국정을 성실하게 수행하리라는 믿음이 상실되어 더 이상 그에게 국정을 맡길 수 없을 정도에 이르렀다고 볼 수밖에 없다.

[대통령으로서의 권한행사에 대한 불신 초래]

대통령의 권한은 어디까지나 헌법에 의하여 부여받은 것이므로 대통령이라고 하더라도 헌법적 한계를 벗어나 자의적으로 권한을 행사할 수는 없다. 특히, 국가긴급권은 평상시의 헌법질서만으로는 대처할 수 없는 중대한 위기상황에 대비하여 극히 예외적으로 인정되는 비상적 권한이므로 그 행사에 있어서는 헌법적 한계가 더욱 엄격하게 준수되어야 한다.

그런데 피청구인은 야당의 전횡과 국정 위기상황을 국민에게 알리고 호소하기 위하여 계엄을 선포했다고 주장하고 있는 바, 이는 본래 그러한 목적으로는 행사할 수 없는 계엄선포권을 남용하였다는 자백에 다름 아니다. 피청구인은 또 실제로 집행할 의사는 없이 형식적으로 포고령을 발령하였다고도 주장하나, 계엄상황에서 포고령은 발령 즉시 대외적 구속력이 있는 법규명령으로서의 효력을 가지는 것이지 대통령이 그 효력 발생을 의도하지 않는다고 하여 효력이 없는 것도 아니어서 피청구인의 주장 자체로 도저히 납득하기 어려운 주장이다.

[제왕의 사고를 가진 피청구인]

피청구인이 평생 검사로 살아온 사람으로서 법률전문가라는 점을 고려하면, 법률 및 법규명령을 공포할 수 있는 대통령이 법을 공포하고도 그 효력을 임의로 제한하거나 무효로 선언할 수 있다는 사고방식 자체가 헌법과 법률을 초월한 제왕적인 사고가 아닐 수 없어서 더욱 기가 막히는 것이다.

[피청구인이 행사하는 권한을 끊임없이 의심할 수밖에 없음]

가장 신중히 행사되어야 할 국가긴급권을 위와 같이 지극히 가볍고 헌법이 허용하는 한계를 벗어나 자의적으로 행사하는 것을 볼 때, 만약 피청구인이 대통령으로서의 권한을 다시금 행사하게 된다면, 국민으로서는 그가 헌법상 권한을 행사할 때마다 헌법이 규정한 것과는 다른 숨은 목적이 있는 것은 아닌지 혹은 헌법과 법률을 위반한 것은 아닌지 끊임없이 의심하게 될 것이므로 국민의 불신은 쌓일 수밖에 없고, 이로써 국정운영은 물론 사회 전체에 극심한 혼란을 초래하게 될 것이다.

[이익과 손실의 형량]

피청구인의 비상계엄 선포와 포고령 및 군경을 동원한 국회 통제 등 일련의 조치들은 국민의 신임을 배반한 행위로서 헌법수호의 관점에서 용납될 수 없는 중대한 법 위배 행위에 해당한다. 헌법질서에 미치게 되는 부정적 영향과 파급 효과가 중대하여 국민으로부터 직접 민주적 정당성을 부여받은 피청구인을 파면함으로써 얻는 헌법수호의 이익이 대통령을 파면함으로써 생기는 국가적 손실을 압도할 정도로 크다고 인정된다.

탄핵심판 결정의 결론

　헌법재판소는 우리 헌법 제1조 제1항으로 결정문의 결론 부분을 시작하였다. 탄핵심판의 결론은 한마디로 대한민국의 주인은 국민이며, 피청구인은 국민의 신임을 받아 대통령이 되었으며, 헌법과 법률에 따라 대통령으로서의 권한을 성실히 수행하여야 함에도 불구하고, 국민의 신임을 배반하여 국민의 생명권을 비롯한 기본권을 광범위하게 침해하였으므로 그 신임을 다시 거두어 피청구인을 대통령직에서 파면해야만 한다는 것이다.

　공자와 순자가 강조했다는 군주민수(君舟民水), 임금은 배요, 백성은 물이니 물은 배를 띄우기도 하지만, 물은 배를 뒤집을 수도 있다는 고대 정치의 기본 이념이 21세기 대한민국 헌법재판소에서 재확인된 것이다.

[대한민국은 민주공화국이다]

　민주주의는 개인의 자율적 이성을 신뢰하고 모든 정치적 견해들이 각각 상대적 진리성과 합리성을 지닌다고 전제하는 다원적 세계관에 입각한 것으로서, 대등한 동료 시민들 간의 존중과 박애에 기초한 자율적이고 협력적인 공적 의사결정을 본

질로 한다.

피청구인의 임기 약 2년 7개월 동안 22건의 탄핵소추안이 발의되고, 과거와 달리 국회 예결위에서 야당 단독으로 증액 없이 감액만을 의결하였으며, 정부가 반대하는 법률안을 야당이 일방적으로 통과시켜 대통령이 거부권을 발동하기를 반복하였다.

피청구인은 행정부 수반이자 국가원수로서 야당의 전횡으로 국정이 마비되고 국익이 현저히 저해되고 있다고 인식하여 이를 어떻게든 타개해야 한다는 막중한 책임감을 느끼게 되었을 것으로 보이는 바, 비상계엄 선포와 일련의 조치들은 피청구인의 이러한 인식과 책임감에 바탕을 둔 것으로 이해할 수 있으며, 피청구인의 판단은 그것이 객관적 현실에 부합하는지 여부나 국민 다수의 지지를 받고 있는지 여부를 떠나 정치적으로 존중되어야 한다.

그러나 대통령 내지 정부와 국회 사이의 대립은 민주주의 원리에 따라 조율되고 해소되어야 할 정치의 문제이며, 정치적 견해나 공적인 의사결정은 어디까지나 헌법상 민주주의의 본질과 조화될 수 있는 범위에서 이루어져야 한다.

[정치적 대립 상황을 군병력을 동원하여 깨부수려 하였다]

피청구인은 야당이 다수 의석을 차지한 제22대 국회와의 대립 상황을 병력을 동원하어 타개하기 위하여 이 사건 계엄을 선포하였다.

민주국가의 국민 각자는 서로를 공동체의 대등한 동료로 존중하고 자신의 의견이 옳다고 믿는 만큼 타인의 의견에도 동등한 가치가 부여될 수 있음을 인정해야 하며, 이는 국회나 대통령인 피청구인도 마찬가지다.

그러나 피청구인은 국민의 대표인 국회를 협치의 대상으로 존중하지 않고 배제의 대상으로 삼았는 바, 이는 민주정치의 전제를 허무는 것으로서 민주주의와 조화된다고 보기 어렵다.

[설사 다수당의 횡포가 있더라도 헌법상 절차와 제도를 거쳤어야 한다]

우리 헌법은 기본적 인권의 보장, 국가권력의 헌법 및 법률 기속, 권력분립원칙, 복수정당 제도 등 국가권력이나 다수의 정치적 횡포를 바로잡아 민주주의를 보호할 자정 장치를 마련하고 있으므로, 피청구인으로서는 야당이 중심이 된 국회의 권한 행사가 다수의 횡포라고 판단했더라도 헌법이 예정한 자구책을 통해 견제와 균형이 실현될 수 있도록 하였어야 한다.

우리 헌법은 대통령의 국회해산권을 규정하고 있지 않으나, 대통령과 국회의원의 임기 차이로 인해 각 선거가 일정한 간격을 두고 치러짐에 따라 대통령 임기 중에 국회를 새롭게 구성하는, 즉 국회해산과 마찬가지의 효과를 거둘 기회를 갖는 경우가 있는데, 피청구인도 취임 2년 만에 치러진 제22대 국회의원 선거에서 이같은 기회가 있었고, 따라서 국민을 설득할 수 있는 2년의 시간이 있었다.

　그러나 피청구인은 국민을 설득하려는 노력을 충분히 하지 않았고, 따라서 총선의 결과가 피청구인의 의도에 부합하지 않게 되었으나, 그렇다고 하더라도 설사 피청구인의 총선 결과 위기의식이나 책임감 내지는 압박감이 컸다고 하여도 헌법이 예정한 경로를 벗어나 야당과 야당을 지지하는 국민의 의사를 배제하려는 시도를 해서는 안 되었다.

　피청구인은 헌법개정안을 발의하거나 국민투표에 붙이거나 법률안 제출권, 위헌정당해산심판 제소권 등 헌법이 부여하는 권한과 제도를 통해 정책을 실현하거나 제도를 개선할 수 있고, 그렇게 했어야 한다.

　그러나 피청구인은 실체적 요건이 충족되지도 않았고, 절차도 무시한 채 비상계엄을 선포하고 군경을 동원함으로써 헌법기관의 권한을 훼손하고 정당 활동의 자유와 국민의 기본적

인권을 광범위하게 침해하였으며, 이는 우리 헌법이 설계한 민주주의의 자정 장치 전반을 위협하는 결과를 초래하여 결과적으로 민주주의에 헤아릴 수 없는 해악을 가하였다.

[민주주의는 최선의 정치체제라는 점에 대한 믿음이 있어야 한다]

민주주의는 자정 장치가 정상적으로 기능하고 그에 관한 제도적 신뢰가 존재하는 한, 갈등과 긴장을 극복하고 최선의 대응책을 발견하는 데 뛰어난 적응력을 갖춘 정치체제이다.

어떠한 정치 상황에서도 대통령은 헌법과 법률이 예정한 민주적 절차와 방법에 따라 과제를 해결하여야 할 것임에도 피청구인은 국가긴급권 남용의 역사를 재현하여 국민을 충격에 빠뜨리고 사회·경제·정치·외교 전 분야에 혼란을 야기하고, 헌법수호의 책무를 저버리고 민주공화국의 주권자인 대한국민의 신임을 중대하게 배반하였다.

[결론]

그러므로 피청구인 대통령을 대통령직에서 파면한다.

이 결정은 재판관 전원의 일치된 의견에 따른 것이고, 일부 쟁점에 대하여 재판관 이미선, 김형두, 김복형, 조한창, 정형식의 보충의견이 있다.

[보충의견으로 나뉜 쟁점]

앞에서 본 것처럼 탄핵소추안의 경우 일사부재의 원칙을 제한하여야 한다는 입법론을 제시한 정형식 재판관의 보충의견 외에는 탄핵심판 절차에서는 전문법칙에 관한 형사소송법 규정을 완화하여 적용하여야 한다는 의견과 반대로 전문법칙을 보다 엄격하게 적용할 필요가 있다는 보충의견이 있었을 뿐이며, 다른 논점들에 대해서는 보충의견조차도 없이 재판관 8명 전원이 피청구인의 헌법과 법률 위배가 즉시 대통령직에서 파면해야 할 만큼 중대하다는 점에서 일치된 의견이었다.

[전문법칙의 완화 적용 여부]

전문법칙의 완화 적용 여부에 관하여 먼저 재판관 이미선과 김형두는, 피청구인이 대통령인 경우 권한 행사의 정지로 인한 국정 공백과 혼란이 매우 크므로 신속한 심리의 필요성이 크며, 탄핵심판절차는 형사소송절차와 다르고, '헌법재판의 성질에 반하지 않는 한도'에서 형사소송법을 준용하도록 규정하고 있으므로(헌법재판소법 제40조), 전문증거의 경우에도 성립의 진정과 임의성이 담보되는 경우, 즉 진술 과정이 영상녹

화되었거나 변호인이 입회하고 변호인이 진술 과정에 아무런 문제가 없었다고 확인한 조서는 증거로 채택할 수 있다는 의견을 밝혔다.

이에 반하여 재판관 김복형과 조한창은, 탄핵심판이 공직 파면이라는 중대한 결과를 초래하고, 형사소송절차에 따르는 것이 피청구인의 절차적 기본권과 방어권을 충실히 보장하는 것이며, 따라서 헌법재판소법 제40조도 탄핵심판의 경우 형사소송법을 우선 준용하도록 한 것이라고 하였다. 또한 탄핵심판은 필요적 변론사건으로서 공개된 심판정에서 하는 청구인과 피청구인이 말로써 사실과 증거를 제출하는 방식으로 사건을 심리하게 되어 있으므로 가급적 형사소송절차와 같이 공개된 재판관의 면전에서 직접 조사한 증거를 기초로 사건의 실체에 대한 심증을 형성하는 것이 바람직하다고 보았다.

[탄핵심판은 형사재판이 아니다]

재판관 김복형, 조한창의 보충의견에서도 보듯이 이제는 탄핵심판절차에서 요청되는 신속성과 공정성, 두 가지 상충되는 가치를 보다 조화시킬 방안을 헌법과 법률로서 명확히 해야 할 시점에 와 있는지도 모른다.

그러나 우리 헌법이 탄핵심판절차를 사법심사, 규범적 재판

절차로 채택하고 있다고 하여 탄핵심판절차가 헌법재판이고 정치적 재판이라는 본질이 바뀌는 것은 아닐 것인 바, 헌법재판소도 탄핵심판을 인용하여 파면할지 여부를 판단함에 있어 국민의 신임을 배반하였는지 여부를 기준으로 삼고 있는 것이라고 본다면, 탄핵심판절차에서의 사실인정을 반드시 형사소송절차에서 정하고 있는 전문법칙과 같은 증거능력에 관한 규정들에 엄격히 구속될 필요는 없다고 생각한다.

5장
—
탄핵심판정에서의 단상

막상 비상계엄이 선포되었음에도 총과 대검으로 무장한

계엄군이 출동하여 시민들을 위협할 수 있게 된다는

아득하고 어렴풋한 기억만 떠오를 뿐 무엇이 어찌 되는 건지

자세히 알지 못하는 것은, 워낙에 비상계엄이라는 것이

역사책에나 나올 법한 전근대적인 유물 같은 것으로서

비현실적일 뿐만 아니라 사법시험이나 법과대학 시절

헌법 기말고사에도 잘 나오지 않는 문제여서

특별히 힘주어 공부하지도 않았기 때문이기도 하다.

대신 써본
'윤석열 대선 후보
사퇴의 변'

[윤석열이 그때 대통령선거 후보직을 사퇴했더라면, 오늘과 같은 비극은 없었을 것이라는 점에서, 당시 내가 대신 써본 후보 사퇴의 변이 더욱 아쉽다.]

제 아내는 불우한 환경에서 평탄치 못한 어린 시절을 보내면서 자신도 모르는 사이에 열패감 속에 젊은 날 방황하기도 했고, 못나고 어리석은 자신이 미워 남들보다 돋보이고 싶은 허욕에 학력과 경력을 과장하고 부풀린 잘못이 있음을 고백한 바 있습니다.

마흔 살 무렵에 쉰 살이 넘은 저를 만나 사랑하게 되어 서로 나이를 잊고 결혼하였는데, 제 탓인지 누구의 탓인지 저희 부부에겐 아이도 없어서 오직 둘이서만 서로 사랑하고 기대며 살아왔습니다.

검찰총장인 남편의 아내로서, 생각지도 못하게 남편이 고위직을 맡아 청와대에서 대통령님을 뵙고 임명장을 받던 날 남편을 바라

보며 벅차고 자랑스러우면서도 두렵고 떨리는 마음을 쉽사리 가누지 못했습니다.

남편이 대통령이 되겠다며 검찰총장을 그만두고 출마를 선언하면서 국민 앞에 나선 순간에도 제 아내는 남편이 대통령이 된다는 것이 어떤 의미인지도 모르고, 대통령 후보가 되어 선거를 치르면서 부딪힐 난관 같은 것은 잘 알지도 못했기 때문에 남편을 말리지도 응원할 수도 없었습니다.

모든 것이 제 불찰입니다. 아내와 결혼하면서 사랑하고 아껴주고 보살피고 일생을 함께하겠다고 한 다짐을 저는 잠시 잊었던가 봅니다. 저 또한 대통령이 되겠다는 욕심에 잠시 눈이 멀었는지, 저의 정치적 야심으로 인해 애꿎은 아내의 허물이 드러날 수도 있다는 것을 미처 살피지 못했습니다.

저의 대통령선거 출마로 인해 저나 아내도 잊었거나 몰랐던 과거와 사생활이 마치 대낮의 광장에서 발가벗겨져 실오라기 하나도 걸치지 않은 채 맨몸으로 서 있는 것처럼 온 국민의 관심과 눈길에 노출되고 말았으니 남편으로서 후회막급이며, 미안한 마음뿐입니다.

누구라도 자신의 일생이 낱낱이 까발려진다면 죄의 유무를 떠나 그 자체로 부끄럽고 괴로운 일일 것입니다. 미처 그 생각을 하지 못한 저 자신이 어리석었습니다. 제 허물이야 저 스스로 알았지만, 제 아내의 허물까지는 미처 생각하지 못했습니다. 저는 이제라도 대통령선거 후보직을 내려놓겠습니다.

저의 욕심으로 인해 아내의 일생과 일상을 온 국민이 속속들이 들여다보게 되는 지금의 이 현실을 차마 더는 두고 볼 수가 없으며, 오로지 제가 대통령 후보직을 내려놓는 것만이 사랑하는 제 아내의 평온한 일상을 지켜줄 수 있는 길임을 이제야 깨달았습니다.

저와 국민의힘을 지지해 주신 분들과 국민 여러분께 어리석고 모자란 제 욕심을 고백하며 진심으로 사과의 말씀을 드립니다.

무엇보다도 제가 대통령 후보직을 사퇴하는 만큼 이후로는 적어도 제 아내의 사생활에 대한 관심과 조명만큼은 부디 거두어 주시기를 간곡히 간곡히 부탁드립니다.

2022. 1. 국민의 힘 대통령선거 후보 윤석열 올림

2002년 제16대 대통령선거 새천년민주당 후보 노무현은, 민주당 당내 경선을 치르면서 당내 경쟁자가 제기한 장인의 좌익 경력 의혹에 관하여, 장인이 좌익활동을 한 사실을 인정하고, 그 사실을 알고 아내와 결혼해서 살고 있다는 사실 또한 인정하면서, 다만 그래서 그것이 어쨌다는 것인지, 장인이 좌익활동을 하다 돌아가셨기 때문에 그런 사람을 아버지로 둔 아내, 그런 아내를 둔 자신은 대통령 자격이 없다는 것인지 국민이 심판해 주시라고, 만약 국민이 대통령 자격이 없다고 하

면 아내를 버리는 것이 아니라 대통령 후보를 그만두겠다며 정정당당하게 대응하고 돌파하였다.

그로부터 20년이 지난 2022년 제20대 대통령선거를 바라보면서 기시감이 드는 것은 왜일까? 하지만 노무현과 윤석열은 다르다. 노무현은 사랑하는 아내를 버릴 수 없다고 정면으로 아니, 정직하게 맞서 선거에서 이기고 대통령이 되었으며, 아무 죄 없는 그의 아내는 영부인이 되었다.

하지만 윤석열은 자신이 당선되더라도 아내는 영부인을 시키지 않을 것이며, 영부인과 가족을 경호하는 부속실과 비서관을 폐지하겠으니 자신을 찍어달라며 표를 구걸한다. 아내는 버릴 수 있으나 대통령이 될 야심은 버릴 수 없다는 것인가? 가련하고 가엾으며, 비겁하고 비열하다.

윤석열은 '호방하고 품 넉넉한 큰형님' 같은 이미지로 후배 검사들의 신망을 받아왔으며, '용기 있고 야무지며 비겁하지 않고 굽실거리지 않는 의리의 대명사 같은 사람'이라고 한다. 대통령이 되겠다는 미망의 꿈, 미련의 끈을 끝내 놓지 못한다면 윤석열은 그의 유일한 가족인 김건희와 함께 공멸할 것이다. 그러나 그가 대통령 후보직을 과감하게 던진다면, 그는 역사에서 권력보다는 사랑하고 보살피며 끝까지 지켜주겠다는 약속을 끝내 지킨 남자로, 그가 본래 그랬듯이 의리의 남자로 사람들에게 영원히 기억될 것이다.

　이것이 윤석열에게 남은 단 한 번의 기회이자 마지막 기회라고 생각한다.

대통령의 거짓말은 / 탄핵 사유가 될까?

윤석열 대통령의 구체적인 거짓말들

피청구인 윤석열은 2024. 12. 3. 위헌·위법한 비상계엄을 선포한 이후 대국민 담화 및 자신을 지지하는 일부 국민을 겨냥한 신년 메시지를 보냈는데 비상계엄 선포와 이후 탄핵소추 및 내란죄 수사 등에 관하여 아래와 같은 거짓말을 하였다.

(1) 2024. 12. 3. 22:30경 용산 대통령실 브리핑룸 기자회견 담화내용

저는 북한 공산세력의 위협으로부터 자유대한민국을 수호하고 우리 국민의 자유와 행복을 약탈하고 있는 파렴치한 종북 반국가세력을 일거에 척결하고 자유 헌정 질서를 지키기 위해 비상계엄을 선포한다. 저는 이 비상계엄을 통해 망국의 나락으로 떨어지고 있는 자유대한민국을 재건하고 지켜낼 것이다.

(민주당의 입법독재는) 자유대한민국의 헌정 질서를 짓밟고, 헌법과 법에 의해 세워진 정당한 국가기관을 교란하는 것으로 내란을 획책하는 명백한 반국가 행위이다.

(지금까지 패악질을 일삼는 만국의 원흉 반국가세력을 척결하는 것은) 체제 전복을 노리는 반국가세력의 준동으로부터 국민의 자유와 안전, 그리고 국가 지속 가능성을 보장하며, 미래 세대에게 제대로 된 나라를 물려주기 위한 불가피한 조치다.

(2) 2024. 12. 3. 23:00경 계엄사령부 포고령(제1호)

자유대한민국 내부에 암약하고 있는 반국가세력의 대한민국 체제 전복 위협으로부터 자유민주주의를 수호하고 국민의 안전을 지키기 위해 2024년 12월 3일 23:00부로 대한민국 전역에 다음 사항을 포고합니다.

2024. 12. 3. (화) 계엄사령관 육군 대장 박안수

(3) 2024. 12. 4. 01:00경 계엄해제 발표 담화문

그러나 조금 전 국회의 계엄해제 요구가 있어 계엄 사무에 투입된 군을 철수시켰습니다. 바로 국무회의를 통해 국회의 요구를 수용하여 계엄을 해제할 것입니다. 다만, 즉시 국무회의를 소집

하였지만, 새벽인 관계로 아직 의결정족수가 충족되지 못해서
오는 대로 바로 계엄을 해제하겠습니다. [2]

(4) 2024. 12. 12. 대국민 담화문

급기야는 범죄자가 스스로 자기에게 면죄부를 주는 셀프 방탄
입법까지 밀어붙이고 있습니다. 작년 하반기 선거관리위원회를
비롯한 헌법기관들과 정부 기관에 대해 북한의 해킹 공격이 있
었습니다. 국가정보원이 이를 발견하고 정보 유출과 전산시스
템 안전성을 점검하고자 했습니다. 다른 모든 기관은 자신들의
참관하에 국정원이 점검하는 것에 동의하여 시스템 점검이 진
행되었습니다.
시스템 보안 관리회사도 아주 작은 규모의 전문성이 매우 부족
한 회사[3]였습니다. 그래서 저는 이번에 국방장관에게 선관위 전

---

2) 윤석열은 대통령의 국법상 행위는 문서로 하여야 하며, 관계 국무위원이 부서하여
   야 한다는 헌법 규정을 아예 무시하고, 비상계엄 선포에 있어 국무회의를 거치지도
   않았으며, 문서로 하지도 않았고, 당연히 관계 국무위원의 부서도 없었다. 이는 대
   한민국을 석기시대로 퇴행시키는 반헌법적, 반문명적 반동행위이다. 또한 국회가
   계엄해제 요구안을 의결하자 즉시 계엄해제를 하여야 함에도 불구하고 이번에는
   계엄해제에 있어 국무회의를 거쳐야 한다는 헌법과 계엄법의 조항을 들어 국무회
   의를 하고자 국무위원들을 소집하였고 아직 국무위원들이 출석하지 않았다는 이
   유를 들먹이며 계엄해제를 미루는 등의 방법으로 반헌법적인 비상계엄 및 내란범
   행을 멈추지 않고 계속한 것이다.
3) 이 대목에서 필자는 대왕고래 사건 시추탐사회사 액트지오 대표 아브레우가 떠올
   라 또 한번 씁쓸했다.

산시스템을 점검하도록 지시한 것입니다.[4]

현재의 망국적 국정 마비 상황을 사회 교란으로 인한 행정사법의 국가기능 붕괴 상태로 판단하여 계엄령을 발동하되, 그 목적은 국민에게 거대 야당의 반국가적 패악을 알려 이를 멈추도록 경고하는 것이었습니다.[5]

애당초 저는 국방장관에게 과거의 계엄과는 달리 계엄의 형식을 빌려 작금의 위기상황을 국민에게 알리고 호소하는 비상조치를 하겠다고 했습니다. 그래서 질서 유지에 필요한 소수의 병력만 투입하고, 실무장은 하지 말고, 국회의 계엄해제 의결이 있으면 바로 병력을 철수시킬 것이라고 했습니다. 실제로 국회의 계엄해제 의결이 있자 국방부 청사에 있던 국방장관을 제 사무실로 오게 하여 즉각적인 병력 철수를 지시하였습니다.

소규모이지만 병력을 국회에 투입한 이유도 거대 야당의 망국적 행태를 상징적으로 알리고, 계엄 선포 방송을 본 국회 관계자와 시민들이 대거 몰릴 것을 대비하여 질서 유지를 하기 위한 것이지 국회를 해산시키거나 기능을 마비시키려는 것이 아님은 자명합니다. 300명 미만의 실무장하지 않은 병력으로 그 넓디넓은 국회 공간을 상당 기간 장악할 수 없는 것입니다.

---

4) 이 부분만큼은 거짓이 아니라 진실로 보이고, 그렇다면 앞서 비상계엄 선포 시 한 담화는 논리 필연적으로 거짓말이 되는 것이다.

5) 이 역시 일부는 진실로 보이는바, 사실은 야당 국회의원들을 탄압하고 위협하기 위해서 비상계엄을 선포한 것이라는 내심을 드러낸 것으로서, 따라서 앞서 계엄령 선포 시 한 담화는 거짓말이다.

저는 국방장관에게 계엄령 발령 담화 방송으로 국민에게 알린 이후에 병력을 이동시키라고 지시했습니다. 그래서 10시 30분 담화 방송을 하고 병력 투입도 11시 30분에서 12시 조금 넘어서 이루어졌으며, 1시 조금 넘어 국회의 계엄해제 결의가 있자 즉각 군 철수를 지시하였습니다.[6]

(5) 2025. 1. 1. 신년 메시지(편지형식)[7]

나라 안팎의 주권침탈세력과 반국가세력의 준동으로 지금 대한민국이 위험합니다. 저는 여러분과 함께 이 나라를 지키기 위해 끝까지 싸울 것입니다.

---

6) 윤석열은 '비상계엄 조치는 오로지 국회의 해제요구만으로 통제할 수 있는 것입니다'라고 같은 담화에서 스스로 말한 것처럼, 자신의 비상계엄 선포에 대해 오직 국회만이 해제 요구를 의결하는 방법으로 통제할 수 있을 뿐이라는 점을 잘 알고 있었음에도 불구하고 위와같이 국회의 기능을 불가능하게 하고자 시도한 것으로 국헌문란의 목적과 폭동의 고의가 명백해진 것이다.

7) 이 편지는 누구에게 보내는 메시지인 것일까? 피청구인은 서두에 '애국시민 여러분'이라고 썼으나 우리 국민 전체를 향한 메시지로 보이지는 않으며, 탄핵에 찬성하는 절대 다수의 국민들에게 보낸 것이 아니라 자신의 지지자들에게 보낸 메시지였음은 분명해 보인다. 그런데 윤석열은 위 편지에서 유튜브 방송을 생중계로 실시간 보고 있다고 하면서 자신을 지지하는 극우 유튜버들과 그들이 동원한 사람들로 하여금 자신에 대한 체포영장의 집행을 막고, 물리적 충돌과 폭력적 행위까지도 불사할 것을 주문하였는바, 이는 명백히 내란 또는 소요를 선동하고, 적어도 법원이 발부한 적법한 체포영장의 집행을 막으라는 지시를 노골적으로 한 것이다. 한편, 그는 편지 말미에 '대통령 윤석열'이라고 쓰고 서명을 함으로써 윤석열 개인이 아닌 대한민국 대통령의 자격에서 내란과 폭력 범죄를 조장하고 선동한 것이다. 따라서 이 편지도 그 자체로 위헌이 아닐 수 없다.

대통령의 거짓말과 헌법 위배 여부

신임 대통령은 취임 시 다음과 같이 선서한다.

"나는 헌법을 준수하고 국가를 보위하며 조국의 평화적 통일과 국민의 자유와 복리의 증진 및 민족문화의 창달에 노력하여 대통령으로서의 직책을 성실히 수행할 것을 국민 앞에 엄숙히 선서합니다." (헌법 제69조).

헌법재판소도 헌법 제69조 등에 근거하여 대통령의 성실직책수행의무가 도출된다고 하였으며, 성실이란 정성스럽고 참된 것을 말하는 바, 따라서 한 대통령은 대통령으로서의 직책수행에 있어 거짓 없고 정성을 다하여야 할 의무가 있으므로 결국 직책수행과 관련하여 거짓된 언행은 성실직책수행의무를 위반한 것이 된다.

대통령이 대통령의 지위에서 또는 지위를 이용하여 국민을 상대로 주요 정책이나 국민의 기본권을 심각하게 침해하거나 제한하는 행위를 하는 것은 직무집행이라고 할 것이고, 따라서 그러한 행위를 함에 있어 대통령이 한 거짓말은 헌법에 위배된다고 보아야 한다.

[피청구인의 거짓말과 내란범죄 부인]

피청구인은 비상계엄 선포와 관련하여 거짓말을 하였는데, 이는 자신의 내란범죄를 부인하는 내용과 겹쳐 있다.

[자기부죄거부특권]

자기부죄거부특권이란 범죄를 저질렀다고 기소되거나 의심받는 사람이 형사상 불리한 진술을 강요당하지 아니하는 권리를 말하며, 우리 헌법 제12조 제2항은 "모든 국민은 형사상 자기에게 불리한 진술을 강요당하지 아니한다"고 규정하고 있고, 형사소송법 제283조의 2 제1항도 "피고인은 진술하지 아니하거나 개개의 질문에 대하여 진술을 거부할 수 있다"고 규정하고 있으며, 형사소송법 제148조는 피고인의 자기부죄거부특권을 보장하기 위하여 자기가 유죄판결을 받을 사실이 드러날 염려가 있는 증언을 거부할 수 있는 권리를 인정하고 있다.

[진술거부권과 거짓말의 관계]

자기부죄거부특권 및 이를 헌법과 형사소송법에서 반영한 진술거부권은 자신의 범죄를 자백하는 것은 물론 불리한 내용 또는 어떠한 진술도 강요당하지 않는 것을 말할 뿐이므로, 자신에게 불리한 진술을 임의로 하거나 거짓말을 하는 경우까지 진술거부권으로 보장되는 것은 아니다.

[탄핵 사유 및 파면 사유]

대통령도 국민 또는 자연인의 지위에서 거짓말을 할 수 있고, 일상생활을 영위하면서 한 모든 거짓말이 헌법 위반이라고 할 수 없는 것은 당연하다.

대통령이 한 거짓말이 사기 범행에 있어 기망 행위가 되고 형법상 사기죄를 구성하는 것이라면, 대통령도 사기죄의 죄책을 지게 되어 헌법과 법률을 위배하는 것이 될 수 있겠으나, 이 경우에도 '직무집행'과의 관련성을 인정하기 어려워 탄핵 사유라고 보기는 어렵다.

그러나 비상계엄의 선포는 국가의 중요 정책에 관한 사안이고, 내란죄 또는 내란 행위는 그 자체로 국민의 생명권, 건강권, 신체의 자유 등 인간의 존엄성 그 자체를 심각하게 위협하고, 언론·출판·집회·결사의 자유 등 표현의 자유를 침해함으로써 자유민주적 기본 질서 및 법치주의 등 중대한 헌법 원리를 위반할 수 있는 직무 행위로서 그 목적과 동기는 물론 실행 단계와 범위 및 후속 조치와 계획 등에 대하여 거짓말을 한 것이라면, 그것만으로도 국민의 신뢰를 저버린 중대한 헌법 위배 행위로서 파면 사유라고 본다.

'호수에 뜬 달 그림자'를 말하는 사이코패스

부창부수가 의심되는 '달 그림자'

2025년 2월 4일 헌법재판소 재판정, 탄핵소추 심판 5차 공판에서 이진우 수방사령관 증언에 이어 윤석열이 발언한다.

"이번 사건을 보면 실제 아무런 일도 일어나지 않았는데, 뭐 지시를 했니, 지시를 받았니, 마치 호수 위에 떠 있는 달 그림자를 좇아가는 느낌이 듭니다."

아무런 실체도 없는 그림자놀이라고?

그렇다면 탄핵 심판은 왜 열리고 있고, 윤석열은 왜 구속기소되어 재판을 받고 있으며, 그가 아끼는 사령관들은 왜 구속되어 내란죄로 재판을 받고 있을까?

문득 윤석열이 "호수 위에 떠 있는 달 그림자"라는 표현을 어디서 가져왔을까, 궁금해졌다. 시집 한 권 읽을 리 없을 법한 그의 머리에서 창작되었을 리는 만무하고 누가 코치해 준 걸까? 그래서 찾아봤더니 출처는 일본에 있었다.

1988년, 일본에서 고관대작들이 주가조작으로 부정이득을 취했다고 해서 무더기로 기소되었다. 그러나 검찰이 고문으로 허위자백을 받아 증거의 신빙성이 떨어진다며 법원이 전원 무죄판결의 은사를 베풀었다. 이때 담당 판사가 판결하면서 판결 이유로 한 말이 걸작이었다.

"물에 비친 달그림자를 잡으려는 것과 같다."

이후 일본에서는 무죄판결을 전하는 헤드라인으로 이 문장을 관용구처럼 사용해 꽤 널리 퍼졌다. 이 주가조작 사건은 2024년 일본에서 드라마로 만들어져 인기를 끌었다고 한다.

주가조작이라 하니, 김건희의 도이치모터스 주가조작 혐의 고발 사건을 출장 조사한 한국의 검찰이 겹쳐 보인다. 김건희가 검찰의 출장 조사를 받는 자리에서 "물에 비친 달그림자를 잡으려는 것과 같다"는 말로 검찰의 입을 다물게 하지 않았을까? 그랬다면 부창부수의 절묘한 하모니다.

당신 옆에 사이코패스가 있다

2025년 2월 25일, 제11차 변론기일이다. 2시부터 청구인과 피청구인 측 대리인들의 증거 조사와 최종 변론이 번갈아 이어지고, 소추위원의 진술마저 끝이 나고, 일곱 시간의 긴긴 최종 변론이 모두 끝나고 나자, 밤 9시가 되어서야 그는 심판정에 들어섰다.

안 그래도 본인 때문에 수천 명 경찰관과 수백 대의 경찰버스가 동원되어 차벽을 쌓고, 사람들과 차의 통행을 막고, 공무원들이 동원되고, 국민이 저로 인해 편이 갈려 싸우는데, 나라 걱정도 안 되는지 구치소에서 재판소까지 기껏 왔어도 심판정에는 들어오지도 않고, 제멋대로 국민 시선 따위는 아랑곳하지 않는 태도에 대해 한 바가지 비난을 쏟았건만, 그는 듣고 싶은 것만 듣고, 보고 싶은 것만 보는 사람이라서 심판정에도 피청구인 자신의 진술 시간에 딱 맞춰 들어와서 한 시간 넘게 제 말만을 마치 대통령실에서 담화라도 하듯 장황하게 늘어놓았다.

구속된 피의자가 구치소에서 어떻게 컴퓨터로 원고를 써서 그사이 제본까지 하여 재판관님께 일일이 배포할 수 있었는지 의문이지만, 법 위에 군림하는 치외법권자인 그에게 그깟 정도의 일이야 오히려 아무것도 아니라는 생각에, 더 따져 물을 힘도 없다.

각설하고, 나는 그가 했던 피청구인 본인 진술의 맨 첫머리에서부터 소름이 돋고, 토할 것 같은 역겨움을 느꼈다.

'사랑하는 국민 여러분' 이라고 시작한 첫마디에 돋는 소름!

내가 끔찍이 싫어하는 누군가로부터 갑자기 '사랑한다' 는 말을 들었을 때의 기분 같은 것이리라. 스토킹 범죄자가 싫다는 데도 끈질기게 따라오는 것처럼 소름이 돋고, 역겨우며, 끔찍하고, 위선이라는 것이 너무나 빤히 보이기 때문에 토가 나올 것 같은 더러운 기분, 몹시 불쾌하다.

심리학자 폴 바비악은 《당신 옆에 사이코패스가 있다》에서 사이코패스를 이렇게 정의한다.

"사이코패스는 거짓말, 교묘한 조종, 속임수, 자기중심주의, 냉정함 등 잠재적 파괴성에 뿌리를 두고 있는 인격장애를 말하며, 이들은 자기 배우자나 친구, 가족을 힘들게 할 뿐만 아니라 자기가 속한 곳에서 인간관계를 맺고 있는 사람들에게도 잠재적으로 위험한 존재로서, 자기를 스스로 아주 대단한 존재라고 여기는 반면, 개인적인 통찰력은 부족하기 때문에 결국 타인과 마찰을 일으킨다."

윤석열은 자기 자신만이 확고한 자유민주주의 신념을 가진 사람으로서 간첩과 반국가세력으로부터 이 나라를 지킬 수 있는 대단한 사람이라고 생각하며, 교묘한 속임수로 자신의 부하나 힘이 약한 사람들을 가스라이팅하여 책임을 떠넘기고, 거짓말로 자신을 지지하는 사람들을 조종할 수 있다고 믿는다. 금방 탄로 날 거짓말도 아무렇지도 않게 하며, 들키게 될 경우 보통의 사람이라면 피할 수 없는 감정인 부끄러움조차도 느끼지 못하는 몰염치한 인간임이 분명하니, 바비악의 사이코패스 정의에 딱 부합하는 인간이다.

김용현은 기꺼이 가스라이팅 당하여 윤석열의 죄마저 자신의 죄라며 스스로 십자가를 짊어지고 나섰으며, 그의 편에 있는 어떤 변호사는 "나는 계몽되었습니다"라며 자신의 몽매함을 스스로 고백한다. 그러니 그는 친구나 자기편조차도 힘들게 하고, 잠재적으로 위험에 빠지게 하는 존재, 자기를 스스로 아주 대단하다고 생각하는, 그러나 실제는 만화영화 〈똘이장군〉에 나오는 괴뢰의 수괴, 새끼돼지 같은 형편없는 존재인, 사이코패스가 분명하다.

각설하고, 그에게 경고한다. 감히 '사랑하는 국민 여러분'이라고 하지 말라. 당신 같은 사람에게서 사랑한다는 말을 듣는 것 자체가 참기 힘든 고통, 몹시 불쾌하다. 그러니 사랑한다고 말하지 말라.(한겨레, 2025. 2. 25.)

불통의
정권,
예고된
결말

윤석열 정부의 장관들

　2024년 12월 3일 오후 1시 5분, 농림수산식품부 송미령 장관은 그날 오후 울산 문수야구장에서 개최되는 국민통합 김장 행사에 참석하기 위해 김포발 울산행 비행기에 탑승했다. 뒤이어 행정안전부 이상민 장관도 이 행사에 가기 위해 같은 비행기에 탑승했다. 송 장관은 이 장관을 보았지만, 인사는커녕 아는 척도 하지 않았다.

　이 장관은 탑승 전에 승무원으로부터 송 장관도 타고 있다고 전해 들었지만, 그 역시 송 장관에게 인사를 하거나 아는 체하지 않았다. 두 장관의 좌석 거리가 너무 멀어 서로 미처 보지 못해서 인사하지 못한 걸까? 10개도 안 되는 비즈니스석에 앉은 두 장관은 고개만 돌리면 서로 코앞에서 볼 수 있는 거리다. 그렇다면 두 장관 사이에 감정 상한 일이라도 있었던 걸까? 그것도 아니라면 일반의 상식으로는 도저히 이해할 수 없는 일이 벌어진 것이다.

한 달 전, 국무회의에서 이상민 장관이 울산의 국민통합 김장 행사에 주무 장관인 농림축산식품부장관을 초청하여 가게 된 울산행이다. 울산에 가는 김에 김장 행사 이후 울산광역시장을 비롯한 17개 시도 부단체장들이 참석하는 중앙지방정책협의회와 만찬까지 참석하고 돌아오는 일정이 공식적으로 잡혀 있었다.

한편, 그날 오전에는 국무총리 주재 정례 국무회의가 있었다. 그 직후 행안부 이상민 장관은 국방부 김용현 장관으로부터 그날 밤 9시까지 대통령실로 오라는 호출을 받았는지라 예정된 울산행 항공편 외에 서울행 KTX 열차표를 미리 준비하였다.

그런데도 이 장관은 울산으로 가는 비행기 안에서 송 장관을 보고도 자기는 일정을 앞당겨 서울로 돌아와야 할 사정을 말하며 양해를 구하기는커녕 아는 체도 하지 않은 것이다. 그날 오후 4시 무렵, 이 장관은 중앙지방정책협의회가 시작되기 직전에 행안부 차관보를 통해 송 장관에게(용무는 생략한 채) 자신의 서울행을 통보하듯 알려주었을 뿐이다. 그리고 이 장관은 중앙지방정책협의회 첫머리에서 모두 발언을 마치자마자 송 장관에게 인사도 없이 회의장을 나가서 서울행 KTX 열차에 올랐다. 한편, 송 장관은 이 장관이 그렇게 떠나자 회의가 끝난 후 만찬에 불참하고 예약된 항공편으로 돌아왔다.

참 기괴한 정부의 기괴한 풍경이다. 국무위원들이 이처럼 따로국밥으로 노는 정부에 무슨 기대를 할 것인가?

탄핵 심판 국회 측 소추 대리인의 신문 과정에서 이상민 장관은 자신이 송 장관을 초대하여 울산 김장 행사에 갔다는 사실도 인정했고, 탑승하면서 승무원으로부터 '송 장관이 타고 있다'는 얘기도 들었다고 인정했다. '이미 대통령의 호출을 받아 행사를 끝까지 마치지 못하고 먼저 서울로 돌아와야 할 사정이 생겼으면서도 왜 송 장관에게는 미리 알려주지도 않았느냐'고 질문하자 이 장관은 '왜 미리 알려줘야 하는지 모르겠다'는 투로 대답했다. 하도 기가 막히고 어이가 없어서 질문하는 사람이 질문하다 말문이 막힐 지경이었다.

하다못해 동문회 같은 친목 모임에서도 예정된 일정보다 앞서 자리를 떠야 할 상황이 생기면 주최 측이나 자기 팀에 미리 알리고 양해를 구한다. 하물며 국무위원이다. 게다가 해당 지자체에서는 중앙정부의 장관이 두 분이나 오신다니 의전이나 행사 준비에 얼마나 신경을 많이 썼을 것인가? 그런데도 장관이라는 사람들의 처신이 이 지경이니 나라 꼴이 우습지 않다면 그게 더 이상할 노릇이다.

이상민 장관이야 대통령이 부른다니 그 시간에 맞춰 돌아가지 않을 도리가 없다고 쳐도 송미령 장관은 이후 일정도 없는 데다가 주무 장관인데 서울행 비행기에 탑승하기 전에 따로 혼밥을 할 거면서 굳이 예정된 만찬에 불참할 건 뭐란 말인가. 참 알다가도 모를 일이다.

송미령 장관은 정치외교학과를 졸업하고 행정학 박사를 거쳐 평생 한국농촌경제연구원에서 일했는데, 어느 날 갑자기 대통령실 인사기획관으로부터 '농림축산식품부 장관으로 추천할 테니 서류를 내라'고 해서 장관이 되었다. '장관으로 임명되기 전에 대통령을 한 번도 만난 적이 없다'고 했다.

윤석열 정부에는 이런 식으로 임명된 장관이 꽤 있다. 일국의 장관을 임명하는데 장관 후보자는 대통령과 일면식도 없는 데다가 사전 면접도 없다. 그러니 자기가 장관으로 일할 정부의 정책과 비전이 뭔지 알 새도 없다. 대통령 또한 장관 후보자가 자신의 정치 철학과 정책 비전을 이해하고 제대로 수행할 수 있는 인물인지 알 턱이 없다. 이런 상황을 어찌 정상적인 국정 운영이라고 할 수 있을 것인가. 이런 상황을 따져 묻고 비판하는 언론을 반국가단체로 몰아붙이는 정권이니 말해

무엇할 것인가.

비상계엄하에서 벌어질 수 있는 일

2024년 12월 3일 밤, 우리 헌정사에서 이제는 역사적 유물이라고만 생각했던 비상계엄이 45년 만에 느닷없이 선포되었다. 비현실적인 비상계엄이 선포되었는데, 그럼 나는 어떻게 해야 하고, 앞으로 무엇이 어떻게 되는 것일까? 막막하고 두려운 밤이다.

1980년 5월 17일 자정을 기해 비상계엄이 전국으로 확대되고 즉시 계엄군이 출동하여 국회와 주요 기관 및 전국의 대학교에 출동하였고, 끝내 광주에서는 대규모의 유혈사태가 벌어졌으며, 무수한 사람들이 내 나라 우리 군인들의 총칼에 목숨을 잃어야만 했다.

그러나 막상 비상계엄이 선포되었음에도 총과 대검으로 무장한 계엄군이 출동하여 시민들을 위협할 수 있게 된다는 아득하고 어렴풋한 기억만 떠오를 뿐 무엇이 어찌 되는 건지 자세히 알지 못하는 것은, 워낙에 비상계엄이라는 것이 역사책에나 나올 법한 전근대적인 유물 같은 것으로서 비현실적일 뿐만 아니라 사법시험이나 법과대학 시절 헌법 기말고사에도 잘 나오지 않는 시험 문제여서 특별히 힘주어 공부하지 않았기 때문이기도 하다.

그런데 비상계엄이라니? 그렇다면 재건축 중인 아파트는 어떻게 되며, 재건축정비사업은 계속 진행되는 것일까? 혹시 정비사업이나 내 아파트에 대한 사용권도 계엄사령관이나 계엄사의 지시나 통제를 받거나 징발당할 수도 있는 것은 아닐까?

서울 강남구 압구정동에 늘어선 한강변 고층 아파트 계단실에는 네모난 창문 같은 구멍이 뚫린 곳이 있는데, 혹시 그것이 무슨 용도인지 아는가?

전시에 아파트 계단실에 군인이 몸을 숨기고 네모난 그곳 창문 구멍에 기관총을 거치하고 쏠 수 있게 만든 총안(銃眼)이라고 하는 시설이다.

1994년 9월 27일자 〈조선일보〉 기사에도 나온다.

"정부는 수도권 방위계획에 따라 1960년대 이후 서울과 그 이북의 고층빌딩과 아파트나 한강과 인접한 도로 등 각종 시설물을 건설할 때 유사시 군 작전에 활용할 수 있도록 설계했다. 수도권 남북방향 주요 도로 인근 지역이나 한강변 아파트 상당수가 동서로 길게 자리 잡은 것도 방어작전에 유리한 형태이며, 서울 광화문 모서리의 화단은 시가전에 대비한 진지이고, 시내 웬만한 고층건물 옥상에 포대를 설치한 것도 그런 예다."

따라서 전시, 사변 또는 이에 준하는 국가비상사태에서 선포되는 비상계엄의 경우 계엄사령관은 계엄법에 따라 한강변 아파트를 징발하거나 군 작전에 동원할 수 있으며, 심지어는 아파트를 폭파하여 넘어뜨림으로써 적의 한강 도하를 저지하기 위한 방어작전에 사용하거나 반대로 재건축 정비사업의 진행단계에 따른 철거를 하지 못하게 한 후 이를 엄폐용이나 작전 시설로 사용할 수도 있게 되는 것이다(계엄법 제9조).

게다가 계엄법 제9조에 따라 동원 또는 징발하는 경우 어떠한 손실보상도 아니할 수 있으며, 다만 동조 제3항에 따라 파괴 또는 소각하는 경우에는 동법 제9조의 2에 따라 정당한 보상을 하여야 하지만, 이 경우에도 그 손실이 교전 상태에서 발생한 경우에는 보상하지 않을 수도 있다.

그렇다면 12.3 비상계엄이 선포된 날 밤 국민의 재산권에 대한 심각한 침해를 유발할 수도 있는 계엄에 대하여 정비사업과 주택에 관한 사무의 주무 부처인 국토교통부장관은 비상계엄 선포 국면에서 무엇을 했을까?

나는 대통령 탄핵 심판사건의 국회 측 소추 대리인으로 참여하였는 바, 수사기록에 의하면 국토교통부장관 박상우는 그날 저녁 퇴근 후 지인들과 미리 약속한 대로 식사를 하였고, 식사를 마치고 집으로 가는 길에 21시 18분경 갑자기 대통령비서실의 호출 전화를 받고 용건도 알지 못한 채 급히 택시를 타고 대통령실로 갔다.

무슨 일인지도 모르고, 알려주지도 않았으며, 물어보지도 못한 채로 용산 대통령실로 부랴부랴 달려간 장관은 대통령 집무실 옆 접견실에 도착하였는데, 그 시각이 22시 24경이었다. 그때는 이미 대통령이 1층 브리핑실로 내려가 비상계엄 선포를 생방송으로 발표하고 있을 때인 바, 결국 국토교통부 장관은 비상계엄 선포에 대하여 국무위원으로서 의견을 말할 기회조차 없었다.

비상계엄이 선포되면 앞서 본 바와 같이 국민의 재산권이 침해될 수 있고, 특히 자기 집이 군사작전 계획에 포함된 아파트라면 전쟁물자로 징발되어 하루아침에 내 집에서 쫓겨날 수도 있다. 이런 중대한 사안에 대해 우리의 국토교통부장관은 의견을 말할 기회조차 빼앗긴 것이다.

담화를 마친 후 대통령 윤석열이 다시 접견실로 돌아와 몇몇 장관들에게 비상계엄에 따른 조치사항에 대해 지시하였다. 그러나 박상우 장관 등의 진술에 따르면, 국토교통부장관에게는 어떤 지시도 하지 않았다고 한다.

나중에 수사와 탄핵 심판을 통해 밝혀진 바와 같이, 결과적으로 이번 12.3 비상계엄은 전시나 사변 또는 이에 준하는 국가 비상사태라고 할 만한 상황이 전혀 없었음에도 윤석열이 자의적으로 선포한 위헌적인 비상계엄이었으며, 국회나 선관위 등 국가기관의 기능을 정지시키려는 목적을 갖고 한 것으로서 내란 행위임이 드러났다. 만약 실제로 전시나 사변이 발생하였고, 그래서 적법하게 선포된 비상계엄이었음에도 국토교통부 장관이 아무런 의견을 개진할 틈도 없이 선포되었다면 국민의 재산권 보장은 어떻게 되었을까?(한국주택경제신문, 2025. 4. 22.)

출처: 오마이뉴스

근위대장 퀸투스와 / 경호처장 박종준

영화 〈글래디에이터〉의 마지막 장면은 권력의 이동을 순식간에 알아차리는 영리한 신하가 주군을 버리고 승자에게 줄 서는 장면이다. 코모두스 황제의 근위대장 퀸투스는 비열한 황제가 콜로세움 경기장에서 막시무스와 검투사 대결을 하기 직전 막시무스의 옆구리에 단도로 박아넣는 장면부터 모두 지켜보았고, 갑옷을 입혀 로마 시민들의 시선으로부터 상처를 가리라는 비겁한 명령조차 말없이 따른다.

자신의 근위병들로 빙 둘러진 홈그라운드 안에서 막시무스가 어깨에 상처를 입고서도 끝내 코모두스의 칼을 쳐내 땅바닥에 떨어뜨리자 당황한 코모두스는 근위대장 퀸투스를 향해 자신에게 어서 칼을 주라고 명령한다.

"퀸투스, 칼을 다오!"(Quintus, give me a sword!)

코모두스에게는 절체절명의 그 순간, 퀸투스는 잠시의 망설임 끝에 근위병들에게 단호히 명령한다.

"칼을 집어넣어라!"(Sheath your sword!)

막시무스의 친구이자 선황제인 마르쿠스 아우렐리우스의 근위대장이기도 했던 퀸투스는 자신이 지키던 황제를 죽인 비정한 아들 코모두스의 편에 서서, 아니 권력이 누구에게 있는지를 금방 알아채고 미리 줄 설 줄 아는 비상한 촉을 발휘하여 코모두스의 근위대장으로 변신한다.

하지만 영화의 마지막 장면에서 퀸투스는 피 흘리고 서 있는 코모두스의 비참한 말로를 눈치채고 칼집을 닫음으로써 자신이 호위했던 코모두스를 또다시 배신하고 막시무스의 편에 서서 다시금 로마 공화국의 실력자로 남는다.퀸투스의 배신과 변절, 권력만을 좇는 비정한 모습은 얄밉지만, 이 순간 내란수괴의 경호 책임을 지고 있는 박종준 경호처장에게 퀸투스와 같은 영리함과 민첩함이라도 있기를 기대하고 싶은 심정이다.

오늘에야 비로소 공수처는 내란수괴 윤석열에 대하여 체포영장을 청구하였다. 늦었지만 지금이라도 용기 내준 공수처를 열렬히 응원하며, 비열하고 비겁하여 충성의 가치도 없는, 이제는 썩은 권력조차도 한 줌도 남지 않은 내란수괴 앞에서, 체포영장을 집행하려는 공수처 수사관들에게 칼을 집어넣고 길을 터주라고 단호히 명령할 줄 아는 영리한 퀸투스를 기대해 본다.

호헌이라는
이름을
더럽히는 자

영화 〈1987〉 마지막 장면은 종철이가 죽었어도 영등포구치소 교도관인 외삼촌의 비둘기 역할도 거부했던 연희가 한열이 오빠가 죽고 열사의 장례식 날 차벽으로 둘러싸인 시청 앞 광장 버스 지붕에 올라가 100만 명 시위대를 비추는 장면이다.

그때 그 시절 사람들은 독재 타도와 함께 '호헌철폐'를 외쳤다. 호헌철폐라고?

헌법을 수호하겠다는 주장을 거두라고? 독재자 살인마 전두환은 1987년 4월 13일 담화를 발표했다. 당시의 현행 헌법대로 간선제로 체육관 대통령을 다시 뽑겠다고 발표한 것이다. 그리고 언론은 이를 전두환의 '4.13 호헌조치'라고 썼다.

전두환은 텔레비전 앞에 앉아서 중대 선언을 하겠다며 늘 그랬듯이 '본인은'이라고 시작하는 특별담화를 발표하였는데, 요지는 여야 합의로 개헌을 하고자 했으나 야당의 억지로 합의가 안 되니 개헌 논의는 88올림픽 이후로 미루고 현행 헌법에 따라 대통령 선거를 치를 것이며, 거리를 뒤덮은 데모는 일부 주동자가 공산세력의 사주를 받은 반정부 활동이므로 강력히 단속하고 처벌하겠다는 내용이었다.

이 담화를 전두환은 앉아서 했는데, 윤석열도 12월 3일 그날 밤 느닷없이 텔레비전에 나타나서는 대국민담화를 한다더니 비상계엄을 선포하였는데, 비서가 받쳐주는 의자에 앉아서 "파렴치한 종북 반국가세력을 일거에 척결하겠다" 면서 난데없이 비상계엄을 선포하였다. 대국민 담화란 국민을 상대로 담화를 한다는 것인데, 전두환처럼 건방지게 앉아서 한 것이다.

호헌!

헌법을 수호한다는 말이다. 헌법을 지켜야 하는 것은 당연하지 않은가? 하지만 그때의 헌법은 독재자 전두환이 만든 헌법, 따라서 호헌은 독재의 연장이고, 호헌은 수구이며, 호헌은 반동이었다.

1987년 그때 6.29 선언으로 전두환과 노태우, 반란군의 무릎을 꿇리고 만들어낸 헌법이 지금의 헌법이다. 종철이와 한열이와 수많은 사람의 피를 바치고 얻어낸 민주 헌법.

그래서 그때 우리가 부숴야 할 것은 그 시절의 헌법이었고, 따라서 전두환이 호헌세력이고, 우리는 전두환의 호헌을 철폐

해야만 한 것이었다.

그러나 오늘, 호헌은 이제 우리의 것이다.

그들이 훔친 헌법을 되찾아서 우리의 것으로 다시 만들었으니 지금 호헌은 우리의 것이고, 호헌은 민주주의이며, 호헌은 역사이다.

그런데 지금 호헌을 외치는 자가 누구인가?

헌법을 파괴하고 헌법의 말을 닫으려 하고, 헌법의 풍경을 지우려 했던 자에 대한 심판을 방해하려 하는 모든 시도에 맞서고, 저항하고, 싸우는 것이 헌법수호이고 호헌이다.

따라서 헌법을 파괴한 자에 대한 심판을 이렇게나 오래도록 질질 끌고 있는 헌법재판소도 저항하고 싸워야 할 대상이다. 헌법을 수호해야 할 가장 1차적인 책임을 지고 있는 헌법재판소가 헌법을 위태롭게 하고 있는 것이다.

제멋대로 비상계엄을 선포하고 우리 국군을 동원하여 국회를 해산하고 독재를 하려 했던 윤석열은 민주 헌법을 파괴하고 다시 독재자의 헌법으로 되돌리려 한 시도를 함으로써 역사의 반동을 저질렀다.

지연된 정의는 정의가 아니다.

강도가 훔친 헌법을 자기 마음대로 떡 주무르듯 주무르며 자기 집에서 뒹굴고 있는데도 사소한 절차 규정을 들어 이렇게나 오래도록 심판을 하지 못하고 시간만 보내고 있는 것은 그 자체로 소극적 헌법 파괴행위이며, 윤석열의 헌법파괴에 동조하는 것이며, 무너지고 부서지고 상처난 헌법을 치유하는 것을 외면하고 있는 것이며, 헌법재판소의 직무와 책임을 방기하고 있는 것이다.

사법연수원 민사재판실무 수업시간, 연수생인 우리는 대여금 청구 사건의 판결 주문에 이자를 언제부터 계산할 것인지를 따지고 연습하는 공부를 했다. 원 단위 미만까지 이자를 계산해 낸 다음 괄호 안에 '원 미만은 버림'이라는 문구를 쓰고 십원 단위까지 주문에 내는 연습을 참 열심히도 했었다.

소송의 당사자들은 사실 원 미만까지 계산된 이자는 물론 하루 이틀 정도의 이자에는 관심조차 없는데, 그저 빠르게 재판을 진행하고, 하루라도 빨리 판결을 선고해 주기만을 바랄 뿐인데도 법관들은 이자 계산의 기산점이나 어차피 버려야 할 이자액의 계산에만 관심을 두고, 계산이 혹시라도 틀릴까봐 결론 내는 것을 미루고 재판의 선고를 미룬다.

법복 입은 법관들은 당사자들의 분쟁을 빨리 해결하는 것에 관심이 있는 것이 아니라 상소심에서 자신의 판결이 혹시라도 정확하지 못했음을 지적당하는 것이 더 두려울 뿐인 것이다.

헌법재판소는 이제 결론을 내고 결정해야 한다. 내란의 밤 이후 잠들지 못하는 국민의 한숨소리가 들리지 않은가? 어느 철학자는 이러한 불면증을 철학적 고통이라고 했다. 당신들은 철학적 고통을 느끼지 못하는가?

호헌이라는 이름으로 헌법을 더럽히고 헌법을 부정하며, 가짜 헌법을 만들고자 하는 자들의 호헌을 깨부숴야 할 때이다. 윤석열이 말하는 종북 반국가세력은 실체가 없는 가짜이며, 그가 지키겠다고 한 헌법도 가짜이며, 호헌이라는 이름으로 진짜 헌법을 부수고 무너뜨리고 훔치려는 자이다.

당신은 지금 어느 편에 서 있을 것인가?

장난삼아
봉화 올린
주나라 유왕과
대한민국 대통령

봉화희제후(烽火戱諸侯). 장난삼아 봉화를 올려 제후들을 희롱하였다는 고사로, 사마천의 《사기》〈주본기(周本紀)〉에 나오는 이야기다. 주나라 마지막 왕 유왕(幽王)은 포사라는 절세미인을 얻었으나 예쁜 그녀는 도무지 웃는 법이 없었다.

유왕은 예쁜 이 여인의 웃는 모습이 보고 싶어 별의별 짓을 다했는데, 어느 날 비단이 찢기는 소리를 듣고서 포사가 웃는 것을 본 유왕은 나라의 비단이란 비단은 모두 가져다가 찢었고, 괴기한 취미를 가진 그녀가 웃었으나 대신 나라의 곳간은 텅 비게 되었으며, 포사는 다시 웃음을 잃게 되었다.

그러던 어느 날 봉화가 오르고 주나라 제후들이 수도인 호경으로 허겁지겁 달려온 모습을 보고서 웃음이 터진 포사. 포사의 새로운 웃음포인트를 찾은 유왕. 오로지 포사가 웃는 모습을 보려고 외침도 없는데 공연히 봉화를 올리게 하고, 봉화를 보고 달려온 제후들을 보고 웃는 포사의 모습을 보고 기뻐하는 왕이었다니, 이 정도면 나라가 망하지 않은 것이 오히려 이상했을 것이다.

양이 풀 뜯어 먹는 것을 지켜보는 일이 전부였던 양치기 소년의 지루함은 어린 시절 소 꼴 뜯겨본 사람들은 알 만도 하다. 심심한 양치기 소년의 "늑대가 나타났다!"는 거짓말과 장난은 폭군 유왕과 희대의 악녀 포사의 고사에 비하면, 적어도 나라를 망하게 한 거짓말과 장난은 아니었으므로 귀여운 동화에 불과하다 할 수도 있겠다.

기원전에 존재했다는 주나라의 고사도, 애초부터 작가가 만들어낸 양치기 소년 동화도 우리는 그것이 고사이고 동화일 뿐 실제 역사라고 생각하지 않으며, 재미난 이야기나 교훈 정도로 여겼을 뿐이라고 생각했다.

그러나 거대 야당의 입법독재라는 말 자체도 말이 아닌 억지라 할 것인데, 그 입법독재 때문에, 그리고 실체도 없는 부정선거 음모론을 알리고자 무려 비상계엄을 발동하고, 총을 든 군인들을 진짜로 국회로 보내 국회의원들을 체포하라고 하거나 저항하는 시민들에게 총부리를 겨누게 한 내란의 범행을 저질러놓고서, 대통령이라는 자는 '경고용'이었다고 하고, 경고용 비상계엄을 통해 비로소 입법독재와 국정 마비, 부정선거의 실상을 알게 되었다며 "나는 계몽되었습니다"라고 하는 사람들을 보면서, 동양의 고전 사기에 적혀 있는 유왕과 포사의 고사나 서양의 양치기 소년 동화를 현실에서 보는 듯한 기시감이 드는 것은 무엇인가?

비상계엄으로 무장한 군인들이 국회 앞에 나타났을 때 어둠 속에서 누군가 웃음을 짓고 있었을 것이라는 상상까지 보태어 보면 온몸에 소름이 돋는다.

역사는 반복된다는 말을 의심하는 것은 아니지만 그렇다고 그대로 믿지도 않았다. 동화책에 있는 이야기야 말 그대로 이야기일 뿐이며, 비록 사마천의 《사기》같은 역사책에 씌어 있다고 하더라도 모두가 역사적 사실은 아닐 것이다.

하지만 12.3 비상계엄은 다르다. 우리 모두, 금세기를 살아가는 세상 사람 모두가 실시간으로 목격한 현실이며 역사적 사실이다.

절대군주, 왕정의 시대에도 주지육림을 만들어 주색에 빠져 정치는 돌보지 않고 미녀에게 빠져 외적의 침입을 알리는 봉화마저 장난삼아 올렸던 폭군은 역사 속에서도 실제로 죽임을 당하였고, 역사책에 기록되어 영원히 폭군으로 남아 길이길이 욕을 먹건만, 하물며 국민이 주인인 민주공화정 시대에 5년짜

리 선출된 권력에 불과한 자가 장난삼아 국민 경고용, 계몽용으로 봉화를 올렸다고 하니 기가 막히고, 지금도 너무나 비현실적이어서 혼란스럽기만 하다. 천년 후 사람들은 '에이 설마?' 하며, 전부가 사실은 아니거나 과장되었으리라 생각할지도 모른다.

유왕과 포사가 가고 난 후 세상은 바야흐로 춘추전국시대, 세상은 더욱 혼란해지고 시황제를 자처한 진나라에 의해 통일될 때까지 수백 년, 사람들은 유왕의 통치보다 못한 시대를 살아야 했다. 폭군이 사라진다고 성군이 오고, 폭정이 지나갔다고 태평성대가 그냥 오는 것은 아니다.

또다시 대선의 시기다. 다시 선택의 시간이다. 우리는 '좋은 정치가 〉 나쁘지는 않은 정치가 〉 좋지 않은 정치가 〉 나쁜 정치가' 중 누구를 선택해야 할까?

당연히 좋은 정치가를 뽑아야 한다. 지금은 누가 좋은 정치가이고, 누가 나쁜 정치가인지를 가리는 일이 그리 어렵지도 않아 보인다. 그러나 그래도 잘 모르겠다면, 국민을 향해 총부리를 겨눈 나쁜 정치가나 그런 나쁜 정치가를 옹호하고 편을 드는 정치가는 뽑지 않기로 한다면 이번 선택은 그리 어렵지 않을 것 같다.

산불은
왜 날까?
내란은
왜 일어날까?

 2025년 4월 11일 금요일 오전 10시.

불교환경연대가 주최하는 〈대형산불의 원인과 대책 그리고 기후위기〉 쟁점토론회.

형사변호를 주로 하는 변호사인 내가 뭐라고 산불 예방 토론회에 가는가? 수사나 재판을 받는 의뢰인들이나 혹은 피해자를 변호해야 하는 변호사로서, 가끔 의뢰인들의 가슴에 불이나는 경우는 있다지만, 산불이 나랑 무슨 상관이람?

조경학 교수, 산림전문가, 환경보호 운동가들이 전문적인 지식과 경험으로 저마다의 산불의 원인과 예방책에 관한 전문지식을 나누는 자리인데, 문외한이지만 나도 불교환경연대 회원으로서, 내란의 불을 끈 뒤라서 생긴 여유, 이번 경북 의성일대에서 발생한 산불에도 관심을 보태며, 공부하러 간다.

먼저 조경학 교수의 분석이다. 점점 대형화하는 산불의 원인은 무엇인가?

첫째, 기후변화? 그럴 수도 있고 아닐 수도 있지만, 여하튼 이제 기후변화는 상수이다. 기후변화도 한 원인이겠지만 기후변화가 산불의 원인이라고 말하는 순간, 기후변화를 막을 수 없듯 산불도 답이 없게 되고 만다.

둘째, 울창한 숲이 산불의 원인인가?

무릇 사람 아닌 미물이라도 모든 중생의 생명을 중시하고 귀히 여겨야 할 사찰에서 산불을 예방한다고 3~40년밖에 안 지난 나무들을 벌목하고 있으니 이는 사찰이 앞장서서 생명을 경시하고 있는 꼴이다.

30년 전부터 활엽수를 잘라내는 벌목사업을 국책사업으로 벌이는 괴상한 나라의 정책은 뭔가 잘못돼도 한참 잘못됐다.

자연은 그대로 두면 스스로 균형을 찾아간다. 벌목을 따로 하지 않아도 숲은 활엽수로 꽉 차며, 습기를 머금은 흙과 돌에는 이끼가 끼고, 젖은 바닥에 쌓인 낙엽은 잘 안 타거나 타도 바닥만 타거나 타도 금방 꺼진다.

지금처럼 방화를 위한답시고 소나무만 남기고 잡목들을 다 잘라내 버리면 햇볕이 숲의 바닥까지 가 닿고, 나무도, 낙엽도, 토양도 바싹 마른다. 그렇게 바짝 마른 나무와 낙엽은 불쏘시개가 된다.

숲의 밀도가 높아서 불이 나고 불이 번지는 것인가? 아니다. 오히려 그 반대다. 숲이 성글면 숲과 나무와 땅이 마르게 되고, 마른 것들이 불에 타기 쉽다는 것은 굳이 말하지 않아도 알 수 있는 것 아닌가?

셋째, 임도는 산불 예방을 위해 꼭 필요한가? 헬기가 많이 있으면 산불을 쉽게 진화할 수 있는가?

우리나라 산불은 아래에서 위로 세로로 번지기만 하는 것이 아니라 가로로도 번진다. 어떻게 이런 일이 가능한가? 임도 때문이다. 산불이 한 번 나면 임도는 불길이 되어 산불을 옮기고 전파하는 통로가 된다.

산불이 나더라도 바닥만 탄다면 굳이 힘써 끄지 않아도 십중팔구는 저절로 꺼진다. 일단 산불이 한 번 나면 그 화기, 온도는 무려 1,000도가 넘고, 묘지에 세운 화강암 비석이 열에 터질 정도로 강력하다.

그런 불구덩이 속으로 소방관더러 임도를 타고 숲속으로 들어가서 산불을 끄라고 하는 건 소방관을 사지로 내모는 것이나 다름없다. 임도는 일단 산불이 나면 불을 끄는 길이 아니라 불을 옮기는 길이 되고 만다.

넷째, 산불에 취약한 숲이 문제인가? 그렇다.

우리나라의 숲은 원래 활엽수림대이고, 침엽수와 활엽수가 섞여 있어 그냥 그대로 두더라도 산불에 강해서 산불이 잘 나지 않고, 산불이 나더라도 잘 꺼지며, 적어도 산불이 급속히 번지는 숲은 아니다.

그런데 소나무는 어떤가? 송진은 휘발유와 같아서 소나무만으로 이루어진 숲은 화약고나 다름없다. 타는 게 아니라 화약이 터지는 수준이다.

우리 산과 우리 숲의 옛모습은 어떠했는가? 해인사나 금산사, 양양 낙산사의 옛 그림을 보면 금방 알 수 있다. 절 주변에는 소나무 아닌 느티나무나 활엽수가 빽빽한 것이 그림 속에 잘 나타나 있다. 절 안에서 난 불이야 어쩔 수가 없다지만, 절 외부에서 들어온 불은 단순한 자연재해를 넘어 인재다. 절 주변의 활엽수와 잡목을 깨끗이 베어낸 벌목사업이 가져온 재앙 수준의 인재다.

다른 산림전문가도 비슷한 분석을 내놓는다.

산불은 결국 사람에 의해 발생하는 것인데, 이번 경북 산불로 불에 타버린 천년 사찰 고운사의 홍보자료에 의하면, 고운사는 솔내음 가득한 솔숲을 스스로 뽐내며 자랑하고 있었다. 그런데 바로 그 소나무 때문에 모든 것이 타버리고 재만 남긴 고운사여.

소나무재선충, 솔잎혹파리 같은 소나무 해충을 방제하겠다고 헬기를 이용해 하늘에서 농약을 방사하는 만행. 과연 모든 중생, 모든 생명을 존중하는 사찰에서 있을 수 있는 일인가? 소나무만 생명이고 다른 나무, 다른 곤충, 미물의 생명은 경시되어도 상관없는 것인가?

산불이 안 나는 숲은 사람이 찾지 않는 숲이다. 결국은 숲으로 들어가는 사람을 관리하고 통제하는 것이 산불 예방의 첫걸음이다. 또 숲과 숲을 이용하는 사람 사이의 관계를 규율하는 규범이 결국 지속 가능한 숲을 만들 수 있다고 전문가는 분석했다.

한 뙈기의 밭과 상자만 한 작은 농막을 가꾸는 나 역시도 먼 훗날 잘생긴 소나무 한 그루를 상상하며 소나무 묘목을 심고 가꾼다. 내가 가진 작은 정원의 보물 1호. 소나무를 사랑하는 일을 굳이 멈출 필요까지는 없겠지만 소나무만 편애하는 것은 숲을 해치는 일일지도 모른다.

우리의 숲 가꾸기는 어쩌면 외모를 가꾸는 일에만 몰두하는 현대인처럼 산과 산림의 외모만 가꿔왔던 것은 아닌지 되돌아볼 때라는 생각이 든다.

헌법 제34조 제4항은 '재해를 예방하고 그 위험으로부터 국민을 보호하기 위해 노력하여야 할' 국가의 의무를 규정하고 있다. 따라서 국가는 산불을 예방하고, 산불로부터 국민의 생명을 보호하여야 하며, 모든 국민은 건강하고 쾌적한 환경에서 생활할 권리를 가지며, 국가와 국민은 환경보전을 위해 노력하여야 한다(헌법 제35조 제1항).

인간은 물론이거니와 동식물, 모든 생명도 차별받아서는 안된다. 미인은 예쁘다. 예쁘고 아름다운 사람은 이쁨받고 존중받아 마땅하다. 하지만 예쁘지 않아도 더러 좀 못생겼더라도 생명은 모두 소중하다. 소나무는 이쁘다. 그러나 소나무 말고도 모든 나무, 모든 식물도 너무너무 이쁘다.

헌법의 시대다. 12.3 비상계엄과 국헌문란의 폭동, 내란은 왜 일어났는가? 또 이미 발발한 내란은 어떻게 종식되는가?

무도한 대통령을 탄핵하고 파면함으로써 내란폭동의 주불은 일단 꺼졌다. 그러나 아직도 내란은 진행 중이며, 내란세력은 잔불처럼 남아서 어딘가에서 아직도 타고 있거나 꺼지지 않고 불씨로 남아 있다.

경제림이라는 이유로(사실 소나무는 그 경제적 가치로도 느티나무나 다른 활엽수에 미치지 못한다고 한다), 혹은 잘 생겼다는 이유로, 또는 굽은 소나무가 선영을 지킨다는 옛말처럼 조상숭배라는 이유로 우리는 그동안 소나무만 가꾸고, 소나무만 남기고 다른 나무들은 베거나 잘라버리는 우를 범해온 것은 아닌지 성찰이 필요하며, 소나무숲이든 침엽수림이든 한 가지 수종만으로 된 숲은 혼합림보다 산불이 나기 쉽고, 한번 시작한 산불은 잘 가꿔진 숲에서 오히려 더 걷잡을 수 없게 된다.

사회도 민주주의도 마찬가지다. 좌와 우, 진보와 보수, 다양한 의견과 세력이 공존할 때 내란이나 폭동은 발붙일 수 없고, 혹여 무도한 자가 폭동을 감행하더라도 내란이라는 산불은 빠르게 진화할 수 있을 것이다.

여론이나 국론은 통일할 수 있는 것도 아니며, 반드시 일치되어야 하는 것도 아니다. 나와 남이 다름과 다를 수 있음을 이해하고, 함께 공존하는 세상, 그런 세상이 산불같은 내란과 폭동을 막을 수 있는 세상일 것이다.

자신의 국민을 향해 총부리를 겨누게 한 대통령의 탄핵심판으로 온 나라가 시끄러운 가운데 이번 경북의성 산불이 나는 바람에 국민적 관심과 국가적 역량이 산불재난지역으로 집중되지 못하고, 광화문과 헌법재판소로 분산됨으로써 산불 진화가 더 늦어진 건 아닌지 싶어서 더욱 안타깝다.

산불 예방과 내란 예방이 서로 떨어져 있는 것이 아니며, 별개가 아니라 모든 것은 다 연결되는 것이로구나.

나무는 땅에 심는 것, 무슨 나무를 심어야 할지는 땅에게 물어봐야 한다. 내 조그만 농막에 소나무 두 그루 심고서 금송과 은송이라 이름 짓고, 애지중지 살폈다.

여름이면 덩쿨이 우거지는 구기자 나무도, 산수유, 밤, 감, 블루베리, 복숭아, 뽕, 사과, 매실, 장미, 포도, 키위, 다래, 대추나무에 수종을 나타내는 일반명사가 아닌 그들만의 이름 지어준 적 없으면서 유독 소나무만은 금송과 은송이라 이름도 지어주고 알뜰히도 가꾼다. 명백한 차별이다. 이제부터는 차별을 넘어 금송, 은송 할 것 없이 모두 다 사랑하리.

(《녹색불교》 2025년 여름호)

피청구인의 거짓말과 심판정 태도에 대하여

저는 피청구인이 자신의 탄핵 사건에서 보여준 태도와 거짓말에 대해서 몇 가지 생각을 말씀드리겠습니다.

경호처와 공수처의 대치와 국민의 철야 농성에도 관저에 숨어있다가 계엄 43일 만에 체포되자 피청구인은 그제야 제3차 변론기일에 직접 나왔는데, 첫 일성부터가 거짓말이자 위선이었습니다.

피청구인은 "저는 철들고 난 이후로 지금까지, 특히 공직생활을 하면서 자유민주주의라는 신념 하나를 확고히 가지고 살아온 사람입니다" 라고 말했습니다.

"종북 반국가세력을 일거에 척결하고자 비상계엄을 선포한다" 고 무서운 말을 했던 사람의 입에서 나온 말이라고는 도저히 믿기지 않았고, 큰 기대를 하지는 않았지만 또다시 절망을 느꼈습니다. 다만 비상계엄을 전가의 보도처럼 생각하는 사람이라면, 이 심판청구는 결국 인용이 되고 말 것이라는 확신이 드는 순간이기도 했습니다.

그날 재판관님께서는 두 개의 질문을 하셨는데, 첫 번째는 "비상입법기구 예산을 지시했는가?"였고, 두 번째는 "수방사령관과 특전사령관에게 국회의원들을 끌어내라고 지시했는가?"였습니다.

'기재부장관에게 쪽지를 준 적이 있는지?' 간단한 질문인데도, 피청구인은 준 적도, 본 적도 없다고 하면서도, 국방부 장관에게 책임을 떠넘기는 변명을 장황하게 늘어놓았습니다.

사령관들에게 국회의원을 끌어내라고 지시한 적이 있느냐는 두 번째 질문에는 "없습니다"라고 변명 없이 간결하게 답변하는 모습이 오히려 구차해 보이지는 않았습니다.

처음으로 출석해서 발언한 일성부터가 거짓말이라는 것은 누구라도 팩트 체크가 가능할 정도입니다. 최상목 부총리의 말은 물론이고, 조태열 외교부장관의 진술로도 A4 문건을 직접 나눠준 사실이 드러났고, 사령관은 물론 수많은 군인의 증언을 통해서 국회의원들을 끌어내라고 지시한 사실 또한 명백히 인정됩니다.

피청구인 때문에 내란의 공범이 되어 구속된 어떤 군인은,

자신의 일생이 송두리째 무너지게 된 이 상황에서도, '자신의 명령에 따랐던 부하들에게만큼은 화가 미치지 않게 해달라'고 호소하고 있는 것과는 너무나도 다르게, 거짓말로 자신의 죄를 감추려 하고, 자신이 망쳐놓은 군인과 부하들에게 자기의 죄마저 뒤집어씌우는 모습을 보고 또다시 실망을 금할 수가 없었습니다.

피청구인이 구치소에서 재판소로 출석하는 날에는, 수백, 수천의 경찰관들이 동원되고, 국민은 이쪽과 저쪽으로 편이 갈려서 나라가 쪼개질 것만 같고, 저 같은 일개 서생조차도 나라 꼴이 걱정되는데, 피청구인은 걱정도 안 되는지 재판소에 와서도 심판정에는 들어오지도 않거나 재판이 시작되기도 전에 다시 돌아가 버리는 것을 보면서, 이 나라 공무원들의 노고는 안중에도 없고, 국민의 시선 따위는 아랑곳하지 않는 모습도 지켜봐야만 했습니다.

피청구인은 대통령 취임식에서 "대통령으로서의 직책을 성실히 수행할 것을 국민 앞에 엄숙히 선서한다"고 했지만, 어쩌면 그 선서부터가 거짓이고 위선이었을지도 모른다는 생각이 듭니다.

대통령으로서 국민 앞에서 직무상의 거짓말을 하지 않고 진실해야 하는 것은, 단순히 도덕적인 요청이 아니라 헌법적 요구이자 법적 의무입니다.

미국 제37대 대통령 닉슨은 단지 거짓말을 했다는 이유만으로 탄핵 위기에 몰렸고, 결국 대통령직에서 사임해야 했습니다.

피청구인은 자신의 잘못을 인정하지 않고 거짓말을 하는 것도 모자라서, 그날의 진실을 고백하고 처벌을 감수한 군인들과 부하들을 거짓말쟁이로 몰고, 탄핵과 내란을 공작하고 있다고 공격하였습니다.

그래서 이 사건은 마치 진실게임 같은 것이 돼버렸습니다. 피청구인이 한 거짓말 때문에 온 국민이 듣기평가를 받아야 했던 적도 있고, 심지어 출근행렬도 거짓이라는 의혹도 있습니다만, 그것이 탄핵 사유는 아니므로 논외로 하겠습니다.

그렇지만 이 재판은 피청구인의 말과 언어가 처음으로 진실했는지 아니면 거짓이었는지가 공식적으로 확인되는 의미도 있다고 생각합니다.

12 · 3 그날 밤 저는 느닷없는 계엄에 우선은 놀랐고, 하필이면 지금 이런 때에 군에 가 있는 아들이 생각나서 '아들이 계엄군이 될 수도 있는 건가?' 싶어서 두려웠습니다.

비상계엄 자체도 너무 무섭지만, 내 아이가 계엄군이 되는 것은 더더욱 끔찍한 일이었습니다. 그래서 국회로 달려갔고, 국회는 다행히 계엄 해제안을 통과시켰습니다.

헌법이니 민주주의니 이런 생각을 하기보다는, 그저 나와 내 아이들의 안전을 생각했고, 아버지로서 아들이 계엄군이 될 수도 있는 상황만큼은 막아야 했기에, 헬리콥터의 프로펠러 소리가 너무 크고, 총을 들고 있을지도 모르는 계엄군과 맞서는 것도 너무 무서웠지만, 소심한 용기나마 짜내 국회 앞으로 달려갔던 것입니다.

그날 밤 큰 비극이 일어나지 않은 것은, 국민이 무서움을 무릅쓰고 온몸으로 막았기 때문이지, 피청구인이 아무 일도 하지 않았기 때문이 결코 아닙니다. 만약 그를 막지 못했다면, 우리 아이는 지금쯤 계엄군이 되어 있을지도 모르고, 포고령이 무서워서, 처단받을까 무서워서, 친구들과 카톡도 맘대로 하지 못하고 있을지도 모릅니다.

청구인 대리인이기에 앞서서 저 또한 국민의 한 사람으로서, 아들을 계엄군으로 만들려고 했던 피청구인에게 말할 수 없는 분노와 배신감을 느낍니다. 그리고 두려움을 느낍니다. 저는 아직 대통령의 신분인 피청구인의 앞에서, 이렇게 말하고 있는 지금도 솔직히 떨리고 무섭습니다. 주권자를 배신한 피청구인을 심판하는 공개된 이 법정에서조차 그가 두려운 것은, 그가 아직 이 나라의 대통령이기 때문입니다.

존경하는 재판관님, 그날 국회가 해제안을 결의하고 다소 안도하는 심정으로 집에 가는 길에, 여의도공원에 낡은 비행기 한 대를 보았습니다. 8·15해방 이후에도 김구 주석과 임시정부 요인들은 고국에 돌아오지 못하고 있다가, 그해 겨울이 돼서야 일반인의 자격으로 이 비행기를 타고 당시 여의도공항인 이곳에 내렸다고 합니다.

누군가는 부수고, 무너뜨리고, 팔아먹고, 반대로 누군가는 지키고, 세우고, 뺏기도 또 빼앗겨도 끝까지 되찾고자 하는 것, 그것이 과연 무엇일까요? 그것은 바로 피청구인이 말한 자유민주주의 시민으로서의 자격증, 바로 '주권' 이라고 생각합니다.

나는 지금, '부수고, 무너뜨리고, 빼앗는 자리에 설 것인가? 아니면 지키고, 세우고, 되찾는 자리에 서있을 것인가?' 를 생각하면서, 변론을 마치겠습니다. 감사합니다.

위자료 청구소송 운동을 제안합니다

2024년 12월 3일 밤, 대통령의 반헌법적인 비상계엄 선포로 인해 불안에 떨어야 했던 국민들은 윤석열 전 대통령 개인을 상대로 위자료를 청구할 수 있을까요?

도무지 믿기지 않는 비상계엄 선포라는 현실을 마주하고 멍함도 잠시, 정신을 차리고 계엄을 저지하기 위해서는 뭘 해야지, 생각했습니다. 뭘 할 수 있을지 잘 몰랐지만, 영화 〈1987〉에서 전두환의 4·3 호헌조치가 있자 강동원이 플래카드를 펼치며 했던 외침이 생각났습니다.

"뭐라도 해야죠!"

하필 지금 군 복무 중인 아들이 혹시 계엄군이 되는 것은 아닐까 무섭고 두려운 마음에, 일단 계엄해제 요구 결의를 해야 하는데 국회의원들이 국회로 들어가지 못한다는 소식을 듣고 국회 앞으로 달려갔고, 천만다행하게도 계엄해제가 의결되었습니다.

그 후 다시 여의도 국회대로에서 목이 터지도록 외쳤습니다. "윤석열을 탄핵하라!" 외치고 외쳤건만 반헌법적인 비상계엄과 내란죄에도 불구하고 대통령 탄핵소추안은 국회를 통과하지 못했고, 다음 임시회기인 두 번째 상정에서야 겨우 국회를 통과해 일단 한숨을 돌렸습니다. 그 과정에서 또 달리 무엇을 할 수 있을까, 궁리 끝에 윤석열을 상대로 위자료 청구소송 운동을 벌어야겠다고 생각하게 된 것입니다.

대통령 윤석열의 비상계엄 선포, 병력을 동원한 헌법기관(국회, 선관위) 침탈, 계엄해제 의결 방해 행위는 반헌법적일뿐더러 국헌 문란을 목적으로 행사한 폭력으로, 형법상 내란죄에 해당한다는 것이 다수 법학자의 의견이며, 국민 대부분의 심판입니다.

이로 인해 대한민국 국민 개개인은 헌법이 보장하는 국민주권 및 대의민주주의 원리에 따른 헌법기관 구성권을 침해당하였음은 물론, 생명과 신체에 대한 위협을 받았으며, 나아가 민주주의를 쟁취하고 성숙한 민주국가와 사회를 이룩한 주인이자 시민으로서 누리던 자존감은 일시에 무너지고 국제사회로부터의 수모를 견뎌야만 하는 처지가 되고 말았습니다.

따라서 우리 국민은 윤석열 개인을 상대로 민법상 불법행위로 인한 손해배상청구권을 가진다 할 것이므로 이에 정신적 손해에 대한 위자료 명목으로 우선 금 10만 원의 배상을 구하고자 소송을 제기합니다.

윤석열, 김건희 부부는 주가 조작으로 막대한 경제적 이득을 얻었고, 땅 투기를 통해서도 엄청난 이득을 얻었을 것으로 의심되지만 어떠한 처벌도 받지 않았고, 그로 인해 얻은 재산과 이익도 그대로 누리고 있습니다. 반대로 그들이 누리는 이익만큼 누군가는 손실을 보고 눈물을 흘려야 했을지도 모릅니다.

반헌법적인 비상계엄 선포와 내란 행위에도 불구하고 윤석열은 여전히 불구속 상태에서 자유롭게 활보하고 있습니다.

저 같이 상처 입은 국민이 위자료 청구 소송에 좀 더 쉽게 참여할 수 있도록 이 소장을 공유합니다. 전국의 모든 법원에서 윤석열에 대한 위자료 청구 소송이 들불처럼 일어나 헌법상, 형법상 책임은 물론 민사상 책임까지 지우게 함으로써 국민을 상대로 총부리를 겨눈 사람은 누구라도 반드시 패가망신하게 하여 우리 헌정사에서 그 누구도 다시는 이와 같은 반헌법적인 행위를 감히 시도조차 하지 못하게 해야 하겠습니다.

소 장

원　고　　　이금규

서울

소송대리인 법무법인 도시

담당변호사 이금규, 김대일

서울 서초구

전화 02-2183-　　팩스 02-2183-

피　고　　　윤석열

서울 용산구

대한민국 대통령 관저

손해배상 청구의 소

청구 취지

1. 피고는 원고에게 금 100,000원 및 이에 대하여 이 사건 소장 부본 송달일 다음날부터 다 갚는 날까지 연 12%의 비율로 계산한 돈을 지급하라.

2. 소송비용은 피고가 부담한다.

3. 제1항은 가집행할 수 있다.

라는 판결을 구합니다.

청구 원인

1. 당사자들의 지위

원고는 대한민국 국민이고, 피고는 2022. 5. 10. 제20대 대한민국 대통령에 취임하여 현재 대통령직에 재직 중인 사람입니다.

2. 피고의 위헌 · 위법행위 및 내란죄 등 불법행위 책임

가. 위헌 · 위법한 비상계엄 선포 행위

피고는 2024. 12. 3. 22:29경 대한민국 전역에 비상계엄을 선포하였습니다. 그러나 위 비상계엄 선포는 아래에서 보는 바와 같이 대한민국 헌법(이하 '헌법' 이라 함)과 계엄법 등 헌법과 법률이 정한 실체적 절차적 요건을 갖추지 못한 위헌 · 위법한 것입니다.

(1) 실체적 요건 불비

비상계엄은 '전시·사변 또는 이에 준하는 국가비상사태에 있어서 병력으로써 군사상의 필요에 응하거나 공공의 안녕질서를 유지할 필요가 있을 때'에 발령할 수 있는바(헌법 제77조 제1항), '군사상 필요에 응하거나 공공의 안녕질서를 유지할 필요가 있을 때'란 구체적으로 '적과 교전(交戰) 상태에 있거나 사회질서가 극도로 교란(攪亂)되어 행정 및 사법(司法) 기능의 수행이 현저히 곤란한 경우에 군사상 필요에 따르거나 공공의 안녕질서를 유지하기 위하여'라고 규정하고 있습니다(계엄법 제2조 제2항).

그러나 비상계엄이 선포된 2024. 12. 3.경 헌법과 계엄법이 정한 전시·사변 또는 이에 준하는 국가비상사태는 전혀 없었으며, 적과 교전 상태에 있거나 공공의 안녕질서를 유지하기 위해서는 군을 동원하여야 할 만큼 사회질서가 극도로 교란되어 행정 및 사법 기능의 수행이 현저히 곤란한 상황이 전혀 아니었습니다.

이 시기 원고를 비롯한 대한민국 국민들은 평소와 다름없이 업무를 마치고 가족, 친지, 친우들과 평온한 일상을 영위하고 있었을 뿐 국가비상사태가 아니었음은 물론 그 징후조차 없었습니다.

따라서 피고가 2024. 12. 3.에 한 비상계엄 선포는 그 실체적 요건을 전혀 갖추지 못한 위헌·위법한 행위임이 명백합니다.

(2) 절차적 요건 불비

대통령은 계엄을 선포한 때에는 지체 없이 국회에 통고하여야 하며(헌법 제77조 제4항, 계엄법 제4조 제1항), 대통령이 비상계엄을 선포하거나 변경하고자 할 때에는 국무회의의 심의를 거쳐야 하고, 국방부장관 또는 행정안전부장관은 국무총리를 거쳐 대통령에게 계엄의 선포를 건의할 수 있다고 규정하고 있습니다(계엄법 제2조 제5항, 제6항).

그러나 과연 국방부장관 또는 행정안전부장관이 국무총리를 거쳐 피고에게 계엄 선포를 건의하였는지 의문이며, 국무회의의 심의 또한 거치지 않은 것으로 보이고, 비상계엄 선포 후 지체 없이 국회에 통고하는 절차 또한 지켜지지 않았습니다.

(3) 소결

따라서 피고가 2024. 12. 3. 22:29경 한 비상계엄 선포는 그 실체적, 절차적 요건을 갖추지 못한 것으로서 위헌적이며 위법한 행위라고 할 것입니다.

나. 위헌, 위법한 비상계엄 조치사항

비상계엄을 선포한 경우에도 '법률이 정하는 바에 의하여 영장제도, 언론·출판·집회·결사의 자유, 정부나 법원의 권한에 관하여 특별한 조치를 할 수 있'을 뿐이며(헌법 제77조 제3항), '비상계엄지역에서 계엄사령관은 군사상 필요할 때에는 체포·구금·압수·수색·거주·이전·언론·출판·결사 또는 단체행동에 대하여 특별한 조치를 할 수 있다'고 규정하고 있습니다(계엄법 제9조 제1항).

헌법과 법률에 따르면 비상계엄을 선포한 경우에도 단지 정부와 법원의 권한에 관하여 일정한 요건하에 특별한 조치를 할 수 있을 뿐, 헌법과 법률 어디에도 국회 및 국회의원에 대하여 그 기능을 방해하거나 저해하는 어떠한 행위도 할 수 없고, 오히려 국회의원은 계엄 시행 중 현행범인인 경우를 제외하고는 체포 또는 구금되지 아니하며(계엄법 제13조), 국회의 계엄해제 요구권(헌법 제77조 제6항)을 보장하기 위하여 대통령은 계엄을 선포하였을 때에는 지체 없이 국회에 통고하여야 하고 (헌법 제77조 제4항), 국회가 폐회 중일 때에는 지체 없이 국회에 집회를 요구하여야 한다고 규정(계엄법 제4조)하고 있어 계엄의 해제를 요구할 수 있는 유일한 헌법기관으로서 그 신분과 기능을 더욱 엄격히 보장받고 있는 것입니다.

그런데 피고는 계엄사령관으로 하여금 2024. 12. 3. 23:28경 '2024. 12. 3. 23:00부로 국회와 지방의회, 정당의 활동을 포함하여 일체의 정치활동을 금하고, 이를 위반하는 자에 대하여는 영장 없이 체포·구금·압수수색을 실시할 수 있으며, 계엄법에 의하여 처단한다'는 내용이 포함된 포고령 1호를 발령하게 함으로써, 국회와 국회의원에 대한 탄압과 그 기능을 무력화하는 것을 아예 노골화하였으며, 실제 계엄군을 국회로 출동시켜 국회의원의 국회 출입을 막고, 계엄해제 요구안을 의결하기 위한 본회의를 저지하기 위해 계엄군으로 하여금 본회의장에 난입하도록 하였습니다.

또한 위 포고령 1호 제5호에 따르면, '전공의를 비롯하여 파업 중이거나 의료현장을 이탈한 모든 의료인은 48시간 내 본

업에 복귀하여 충실히 근무하고 위반시는 계엄법에 의해 처단한다' 는 조치사항을 포함시켰는바, 이는 '대통령이 계엄사령관을 지휘·감독할 때 국가 정책에 관계되는 사항은 국무회의의 심의를 거치도록 한' 법령(계엄법 제6조 제2항)을 위반하였음은 물론 헌법이 부여한 비상계엄 시 제한할 수 있는 기본권이 아닌 직업의 자유를 제한한 것으로서 이 역시 위헌이며, 위법한 비상계엄과 조치사항인 것입니다.

다. 형법상 내란죄에 해당

피고가 2024. 12. 3. 22:29경 대한민국 전역에 비상계엄을 선포하고 이어 시행한 후속조치들은 아래에서 보는 바와 같이 형법상 내란죄를 구성하고, 이는 기수에 이르렀다고 할 것입니다.

형법은 '대한민국 영토의 전부 또는 일부에서 국가 권력을 배제하거나 국헌을 문란하게 할 목적으로 폭동을 일으킨 죄'를 내란죄로 규정하고 있으며, 그 중 '우두머리는 사형, 무기징역 또는 무기금고' 에 처하도록 규정하고 있습니다(형법 제87조 제1항). 한편, '국헌을 문란할 목적이라 함은 1. 헌법 또는 법률에 정한 절차에 의하지 아니하고 헌법 또는 법률의 기능을 소멸시키는 것, 2. 헌법에 의하여 설치된 국가기관을 강압에 의

하여 전복 또는 그 권능행사를 불가능하게 하는 것' 을 말한다
고 규정함으로써(형법 제91조), 국헌 문란의 개념을 법률상 명확
히 하고 있습니다.

한편, 이와 관련하여 대법원은 '비상계엄의 전국확대조치의
그와 같은 강압적 효과가 법령과 제도 때문에 일어나는 당연
한 결과라고 하더라도, 이러한 법령이나 제도가 가지고 있는
위협적인 효과가 국헌문란의 목적을 가진 자에 의하여 그 목
적을 달성하기 위한 수단으로 이용되는 경우에는 비상계엄의
전국확대조치가 내란죄의 구성요건인 폭동의 내용으로서의
협박행위가 되므로 이는 내란죄의 폭동에 해당하고, 또한 그
당시 그와 같은 비상계엄의 전국확대는 우리나라 전국의 평온
을 해하는 정도에 이르렀음을 인정할 수 있다' 고 판시(대법원
1997. 4. 17. 선고 96도3376 전원합의체 판결)한 바 있습니다.

피고가 한 비상계엄 선포가 위헌·위법적인 행위임은 앞서
살펴본 바와 같고, 이후 계엄군을 동원하여 국회에 출동, 국회
의사당 유리창을 깨고, 이를 저지하는 국회의원 보좌관들을
총기로 위협하며 난입하고, 비상계엄 해제요구 결의안을 처리
하고 있는 본회의장 진입을 시도하고, 동시에 국회의장 우원

식, 더불어민주당 대표 이재명, 국민의힘 대표 한동훈 등에 대한 체포, 구금을 시도한 것으로 드러났습니다.

또한 계엄군은 서울 시내에 장갑차 및 헬기를 타고 소총과 기관총 등 살상 무기를 휴대하고 출동하였으며, 위와 같이 국회의원 및 그 보좌관들은 물론 국회 안팎에 모인 국민을 상대로 총을 겨누는 등 물리력을 행사하며 위협하였습니다.

따라서 위와 같은 피고의 비상계엄 선포와 그에 따른 계엄사령관 및 계엄군의 일련의 행위들은, (1) 헌법과 법률에 정한 계엄의 절차에 의하지 아니하고 헌법과 국회법이 정하는 국회 또는 국회의원의 기능을 소멸시키거나 그 권능 행사를 불가능하게 하는 시도로서 국헌문란 시도에 해당함이 명백하며, (2) 적어도 한 지방의 평온을 해할 정도의 위력을 행사한 것으로서 폭동에 해당한다 할 것이므로 결국 피고는 내란죄의 죄책을 져야 할 것입니다.

라. 피고의 불법행위와 손해발생 및 인과관계
(1) 민법상 불법행위에 해당
피고가 2024. 12. 3. 22:29경 한 비상계엄 선포 및 그로 인한 일련의 행위들이 헌법과 법률에 반하는 행위이고, 나아가 내란죄를 구성하므로 이것이 민법 제750조에 따른 불법행위를 구성함에는 의문이 없을 것입니다.

(2) 원고의 손해 발생

원고는 대한민국 국민이며 대한민국의 주권자로서, 피고를 비롯한 국회의원 및 그밖의 선출직 공무원에 대한 선거권을 가지며, 거주·이전의 자유, 직업선택의 자유, 언론·출판과 집회·결사의 자유, 근로자의 단체행동권 등 기본권을 향유하며, 인간으로서의 존엄과 가치 및 행복을 추구할 권리를 가지고 있습니다(헌법 제10조). 한편, 이러한 국민의 자유와 권리는 국가안전보장·질서유지 또는 공공복리를 위하여 필요한 경우에 한하여 법률로써 제한될 수 있으나, 이 경우에도 자유와 권리의 본질적인 내용은 침해될 수 없다는 헌법적 한계도 분명합니다(헌법 제37조 제2항).

피고는 대한민국 대통령으로서 앞서 본 바와 같은 위헌·위법한 비상계엄을 선포하였으며, 비상계엄에 따른 피고의 일련의 행위들은 형법상 내란죄의 범죄를 구성하는 것으로써, 이로 인해 대한민국 국민인 원고는 헌법이 보장하는 국민주권 및 대의민주주의 원리에 따른 헌법기관 구성권, 특히 국회와 국회의원을 선출하고 그로 하여금 국민의 의사를 대표하게 하는 헌법상 권리를 침해당하였을 뿐만 아니라 무장한 계엄군의 출동 및 위협적인 행위들로 인해 생명과 신체에 대한 위협을 받았으며, 거주·이전의 자유, 직업선택의 자유, 언론·출판과 집회·결사의 자유, 근로자의 단체행동권 등 민주주의 시민으로서 국가로부터 보장받아야 할 기본권이 심각하게 훼손되는 피해를 입었으며, 나아가 민주주의를 쟁취하고 성숙한 민주국가와 사회를 이룩한 주인된 시민으로서 누리던 자존감마저 무너지게 되고, 국제사회로부터의 지탄과 수모를 견뎌야만 하는 처지가 되고 말았습니다.

한편, 이와 관련하여 피고는 위헌·위법적인 비상계엄을 선포한 행위로 인하여 국회로부터 탄핵소추가 될 위기에 처하게 되자 2024. 12. 7. 대국민 담화를 통해 자신의 비상계엄 선포와 일련의 행위로 인해 국민에게 불안과 불편을 끼쳐 드린 점에 대하여 사과함으로써 국민들의 정신적 피해 발생 사실에 대하여 사실상 시인하였습니다.

(3) 피고의 불법행위와 원고의 손해 사이의 인과관계

피고는 원고를 비롯한 국민의 선거를 통해 대통령에 선출되고 국민의 대의기관으로서 국정의 최고책임자로서 헌법수호의무를 지고 있는바, 이는 "나는 헌법을 준수하고 국가를 보위하며 조국의 평화적 통일과 국민의 자유와 복리의 증진 및 민족문화의 창달에 노력하여 대통령으로서의 직책을 성실히 수행할 것을 국민 앞에 엄숙히 선서합니다"라고 선서하게 하여 이를 확인하고 있습니다(헌법 제69조).

그럼에도 불구하고 피고는 스스로 대통령 취임식에서 국민 앞에 한 위 선서를 저버리고, 위헌·위법한 비상계엄 및 그로 인한 일련의 조치를 통해 국민의 대의기관인 국회 등 국가기관의 기능을 마비시키고, 국민의 생명권과 자유 및 인간의 존엄성을 보장해야 하는 대통령의 막중한 임무에 위배하여 국민들로 하여금 공포와 불안, 불편과 자존감을 저하시키는 것을 넘어 수치심이 들게 하였는 바, 피고의 반헌법적인 비상계엄 선포와 일련의 조치 및 내란죄의 범행으로 인한 효력과 영향은 대한민국 전역에 미치므로 대한민국 국민인 원고들에게 위와 같은 정신적 손해가 발생하였음은 자명하다 하겠습니다.

3. 결어

이상에서 본 바와 같이 대한민국 제20대 대통령인 피고가 2024. 12. 3. 22:29경에 한 비상계엄 선포 및 그로 인한 일련의 행위들은 불법행위를 구성하고, 그로 인해 대한민국 국민인 원고가 생명과 신체의 자유 및 인간의 존엄성 보장 등 기본권을 침해받고, 공포, 불안과 불편 및 수치심을 느끼는 등 정신적 손해를 입었다 할 것이므로 원고는 피고를 상대로 우선 정신적 손해에 대한 위자료로 금 100,000원을 청구하는 바, 이후 국가수사본부 및 고위공직자범죄수사처 등에서 실시하고 있는 피고 등에 대한 내란죄 고발사건의 수사 결과로 밝혀질 피고의 불법 정도에 따라 청구취지를 확장하도록 하겠습니다.

입증 방법

1. 갑 제1호증   대한민국 정책브리핑(2024.12.3.)
1. 갑 제2호증   계엄사령부 포고령(제1호) 사본
1. 갑 제3호증   대한민국 정책브리핑(2024.12.4.)
1. 갑 제4호증   비상계엄 관련 국방부 입장(2024.12.6.)
1. 갑 제5호증   윤석열 대통령 대국민 담화(2024.12.7.)

첨부 서류

	1통
1. 소장부본	각 2통
1. 위 입증방법	1통
1. 소송위임장 및 담당변호사 지정서	1통
1. 납부서	

2025. 6.   .

원고 소송대리인

법무법인 도시

담당변호사   이 금 규

담당변호사   김 대 일

서울중앙지방법원 귀중

위자료
청구소송
승소 판결

[1심 판결의 선고]

　서울중앙지방법원(판사 이성복)은 2025. 7. 25. 제1심 판결을 선고하였는데, 결과는 원고 전부 승소였다. 법원은 원고 104명이 윤석열 상대로 각 금 100만 원의 위자료를 지급하라는 청구를 모두 인용한 것이다.

[판결의 요지]

　법원은 피고 윤석열이 대한민국 대통령인데, 2024. 12. 3. 대한민국 전역에 비상계엄을 선포하고, 계엄사령관으로 하여금 포고령을 발령하게 하여 대한민국 국민의 집회 · 결사의 자유 및 출판의 자유를 제한하고, 포고령을 위반하면 처단한다고 공표하고, 총기로 무장한 계엄군을 국회에 투입하고, 국회 안팎에 모인 국민들을 상대로 총을 겨누는 등 물리력을 행사하여 위협하였으며, 중앙선거관리위원회에도 병력을 출동시켰다는 사실을 인정하였다.

또 헌법재판소는 2025. 4. 4. 피고를 대통령직에서 파면하였는데, 그 파면 사유의 요지는 비상계엄 선포가 절차적, 실체적 요건을 전혀 갖추지 못한 것이며, 포고령 1호는 정당 활동, 언론 자유, 집회의 자유를 부당하게 제약하고, 영장주의를 위반한 중대한 기본권 침해라는 이유로 파면했다고 인정한 다음, 결국 피고의 비상계엄 선포와 포고령 발령 및 무장한 계엄군을 국회 및 선관위 등에 출동시킨 행위는 모두 헌법상 법률상 계엄의 실체적, 절차적 요건을 전혀 갖추지 못한 것으로서 위헌·위법한 것이라고 보았다.

법원은 이어서, 전국 비상계엄은 대한민국 국민 전체에 대하여 법규명령으로서 효력을 가지며, 후속 조치들은 비민주성, 불법성이 명확하며, 그 과정에서 피고가 보여준 적극성, 반대로 국회의 비상계엄 해제 결의에도 불구하고 계엄해제에 대해서 보여준 피고의 소극성과 헌법재판소의 파면결정 등에 비추어 피고의 비상계엄 선포 및 후속 조치들은 그로 인해 정신적 고통을 입었다고 주장하는 원고들에 대하여 민법 제750조에서 정한 고의에 의한 불법행위를 구성한다고 판단하였다.

원고들은 소장에서 자신들이 대한민국 국민이며, 대한민국 헌법은 국민주권 및 대의민주주의 원리를 보장하며, 주권자인 국민은 국회의원을 선출하고 그로 하여금 국민의 의사를 대표하게 하므로, 피고의 위헌·위법한 행위로 인해 위와 같은 헌법상의 권리를 침해당하였고, 무장한 계엄군의 출동과 위협적인 행위들로 인해 생명과 신체에 대한 위협을 받았고, 민주시민으로서 국가로부터 보장받아야 할 기본권이 심각하게 훼손되는 피해를 입었으며, 나아가 민주주의를 쟁취하고 성숙한 민주국가와 사회를 이룩한 주인된 시민으로서 누리던 자존감마저 무너지게 되고, 국제사회의 우려 내지 비하를 감수하는 처지가 되어 막심한 정신적 고통을 입었다고 주장하였는데, 법원은 피고가 국회 등 국가기능을 마비시키고, 국민의 생명권과 자유 및 인간의 존엄성을 보장해야 하는 대통령의 막중한 임무를 위배하였다고 한 다음, 따라서 대한민국 국민들인 원고들이 당시 공포와 불안, 불편과 자존감, 수치심으로 표현되는 정신적 고통 내지 손해를 받았을 것임은 경험칙상 명백하다고 보았다.

법원은 결론적으로 피고가 원고들에게 정신적 손해를 배상하여야 할 의무가 인정된다면서, 위자료 액수로는 최소한 원고들이 청구하고 있는 각 금 10만 원 정도는 충분히 인정할 수 있다고 판시한 것이다.

[판결의 의미]

법원은 피고 윤석열이 위헌·위법한 비상계엄을 선포하고, 국민의 기본권을 부당하게 침해하는 포고령을 발령하였으며, 무장한 계엄군을 국회와 선관위 등 국가기관에 출동시켰으며, 국회의원과 국회 직원은 물론 국민들에게 총을 겨누는 등 위협하는 물리적 폭력을 행사한 사실을 인정하면서 위와 같은 사실들이 '이 법원에 현저하다'고 판시하였는바, 법원에 현저하다는 말의 의미인즉, '판사인 나도 다 봐서 안다'는 말과 다름 없는 것이다.

대한민국 국민뿐만 아니라 전 세계 시민들이 실시간으로 생중계되는 비상계엄 선포와 헬기를 타고 국회에 침입한 무장한 계엄군들을 모두 보았으니 법원의 판사라고 이를 모를 것이며, 12.3 비상계엄으로부터 123일만에 선고된 헌법재판소의 결정을 모를 리 없으니 피고의 불법행위는 원고가 굳이 입증하지 않아도 되는 법원에 현저한 사실인 것이다.

게다가 법원은 원고는 대한민국 국민이기만 하면 되고 달리 피해를 입었다는 사실 즉, 피고의 불법행위로 인한 정신적 고통을 입었다는 사실을 입증할 필요조차 없다고 하였는바, 그 근거는 바로 국민주권과 대의민주주의 및 인간의 존엄성을 비롯한 기본권에 관한 권리장전인 대한민국 헌법 자체라고 본 것이다.

피고의 불법행위와 원고의 정신적 고통, 불법행위와 정신적 고통 사이에 인과관계는 이처럼 법원에도 현저한 사실과 대한민국 헌법만으로도 충분히 인정되겠지만, 정신적 고통의 크기, 위자료의 액수는 국민마다 다를 수 있을 터인데, 이에 대해서도 법원은 적어도 원고가 구하고 있는 10만 원은 달리 입증이 없어도 충분히 인정할 수 있는 최소한의 금액이라고 판시함으로써 신속한 재판의 요청에도 부응하였다.

[판결의 확장성]

이 판결은 비록 104명의 원고들에게 각 10만 원씩 배상하라는 판결일 뿐이지만, 이 판결의 파급력은 대한민국 국민 전체에게 미치며, 따라서 5,100만 대한민국 국민이 지금이라도 윤석열을 상대로 위자료 청구소송을 제기한다면 적어도 10만 원의 위자료를 지급하라는 판결을 받을 수 있다는 의미가 되며, 피고 윤석열의 입장에서는 최소 5조 1천억 원의 위자료를 지급해야 하는 처지에 놓이게 된 것이다.

또 윤석열뿐 아니라 내란 특검 등으로 밝혀지고 있는 내란의 공범들에게도 동일한 논리로 위자료 청구소송을 할 수 있게 될 것이다.

[윤석열의 항소 및 집행정지 신청]

위 판결은 1심 판결이며, 판결 직후 피고 윤석열은 판결에 불복하여 항소를 제기하고, 강제집행이 두려운지 집행정지신청도 해둔 상태이다.

이후 항소심과 대법원을 거쳐 최종적으로 불법행위 책임이 확정된다면 대통령의 경우라도 국민을 상대로 내란의 범죄를 저지르고 헌법과 법률을 무시한 채 소위 통치행위라는 이유로 국민의 자유와 권리를 함부로 침해하는 경우에는 정치적이고 헌법적인 책임과 형사적인 책임을 지우는 것에서 나아가 민사적 책임 즉, 금전적 배상책임까지도 지게 된다는 선례를 남기게 되는 것이다.사유재산권이 보장되는 자본주의 사회에서는 반헌법행위자를 단순히 공직에서 파면하거나 형사재판을 거쳐 감옥에 보내는 것만으로는 부족하고, 헌법파괴자로부터 재산권을 빼앗고 박탈하는 소위 금융치료를 받게 할 수 있을 때 우리는 헌법을 수호할 수 있는 보다 더 강력한 수단을 갖게 되는 것이라고 생각하며, 헌법적 책임과 형사 책임은 물론 민사 책임까지 모두 지우는 것이 내란범죄자에 대한 법적 책임을 완결적으로 묻는 방식이라고 본다.

[직접 책임을 묻는 주인된 국민]

대한민국 주권은 국민에게 있고, 모든 권력은 국민으로부터 나온다는 헌법의 규정은, 단순히 헌법에 적혀 있는 문구에 불과한 것이 아니며, 이 나라의 주인은 국민이라는 사실은 상징이 아니라 실체이며, 실질적으로 주인 된 자로서 권한을 행사할 수 있을 때 헌법은 살아 숨 쉬는 규범이 된다.

12.3. 비상계엄으로 주인을 향해 총부리를 겨누고 내란을 획책하였음에도 불구하고 국회는 정족수 미달이라는 이유로 탄핵소추조차 통과시키지 못하고 있을 때 국민의 한 사람으로서 두려움을 무릅쓰고 국회 앞으로 달려간 시민의 한 사람으로서 이루 말할수 없는 무력감을 느꼈다.

두려움과 공포, 분노와 수치는 나의 것이었지만, 내가 뽑은 국회의원들은 반헌법 행위자를 탄핵하는 절차의 시작인 소추안 의결조차 하지 못하고 있는 것을 보면서 피해자이자 당사자인 내가 직접 가해자를 상대로 책임을 추궁할 방법을 생각해야만 했다.

검찰과 국가수사본부 그리고 고위공직자범죄수사처는 발빠르게 특별수사본부를 구성하여 내란사건을 수사했고, 국회도 한 번의 실패 이후 회기를 바꾸어 결국 탄핵소추안을 가결하였으나, 위협을 당하고 피해를 본 당사자로서, 빼앗긴 자로서 이 나라의 주인된 자로서 스스로 직접 나서야겠다.

그리하여 직접 당사자가 되고 원고가 되어 가해자인 윤석열을 상대로 불법행위를 이유로 위자료 청구소송을 제기하기로 한 것이다.

여의도를 가득 메운 사람들은 2024. 12. 7. 끝내 탄핵소추안을 의결하는 본회의장에 나타나지 않은, 더불어민주당 박찬대 원내대표가 목놓아 부르던 105명의 국민의힘 의원들을 '을사 105적'이라고 불렀다.

을사 105적에 대응하여 105명의 원고를 모아 윤석열을 상대로 직접 싸우고, 직접 책임을 묻기로 하자. 그렇게 해서 모인 원고가 이금규 외 104인이다.

국회는 탄핵소추로, 헌법재판소는 탄핵심판으로 윤석열을 대통령직에서 끌어내리고, 경찰과 검찰은 내란수괴를 법정에 세워 사형 또는 무기징역의 형벌을 내리라. 주권자인 국민, 주인인 나는 직접 그를 상대로 손해배상 책임을 물을지니.

민주주의와 / 오월

'내일이 빛나는 도시 광주에 빛나는 당신이 있습니다.'

빛고을 광주, 내 고향 광주에서 과분한 상을 받는다. 기쁘고 영광스럽다. 내일도, 내 일도 빛나고 아름답기를 소망한다.

초등학교 3학년, 여덟아홉 살쯤에 맞은 5.18

그해 봄날은 그저 느닷없는 방학, 학교 안 간다고 좋아했던 기억. 광주 변두리, 상무대 보병학교 철조망가에서 농사짓고 살던 우리 동네. 공휴일도 아닌데, 학교 안 가도 되는 아이들이 동네 고샅에 모여 땅바닥에 금 긋고, 니편내편 나누어 땅따먹고, 먹히고 땅따먹기나 오징어발 같은 놀이에 그저 신나고 즐거웠던 5.18

그러나 어딘지 모르게 어린 아이의 눈에도 어른들의 숙덕거림, 수군수군 소곤소곤 들리는 소리는 수상하기만 했다.

대보둑 넘어 저 멀리 광주송정간 도로에 대학생같은 젊은 사람들의 무리, 간첩인지 불순분자인지 폭도인지 모르는 사람들, 관청에 신고해야 하나 생각했던 착하디 착한, 그러나 어리석은 백성으로 살았다.

그리고 45년! 나는 지금도 착한가? 나는 아직도 어리석지는 않은가?

민주주의는 사건이 아니다. 민주주의는 과정이다.
민주주의를 세우고, 민주주의를 지키고, 민주주의를 누리는 일은 어느 한 시점의 사건이 아니다.

마찬가지로 민주주의를 부수고, 민주주의를 파괴하고, 주권을 빼앗거나 팔아먹고, 주권자를 억압하는 일도 하나의 사건이 아니다. 과정이다. 그러니 어제도, 오늘도 그리고 내일도 두 눈 부릅뜨고 감시해야 하는 이유다.

박정희의 딸이라는 이유만으로 대통령이 된 박근혜는 무속인지 종교인지 사이비인지, 최태민이라는 자의 딸, 최순실의 결재를 받아 국정을 농단하고, 생떼같은 어린 목숨들이 차가운 바다에 빠져 죽어가는 그 순간에도 올림머리인지 먼지 청와대에서 중대본에 나오기까지 7시간이 걸리고, 기껏 나와서도 한다는 말이 '구명조끼를 입었다는데 발견하기가 어렵습니까?'

차갑고 무섭고 기막힌 대통령을 대통령으로 세운 것도 우리. 그러니 그런 대통령을 끌어내리는 것도 우리가 해야 할 일.

프랑스혁명처럼 우리는 우리의 혁명을 촛불혁명이라 이름하고, 기념하고, 승리했다며 자축했다. 그리고 무너진 민주주의를 되찾았다 안도하며 프랑스가 다시는 루이의 나라로 되돌릴 수 없듯 대한민국도 다시는 무도한 자가 민주주의를 위협하지 못할거라 확신하며 안도하고, 기뻐했다.

그것이 2017년 3월의 일이니 불과 10년도 안 되어 박근혜는 아무것도 아니었다 말할 줄을 누가 알았겠는가?

맺음말   283

2025년 4월 4일.

해방되고 광복하던 8.15가 이런 기분이었을까?

36년이 아니라 불과 3년이었음에도 이토록 기쁜 것은 그만큼 고통이 컸기 때문일까?

내란불면증, 철학적 고통의 크기에 비하면 위자료 10만 원은 너무 작지만, 박근혜에게는 안 되고, 윤석열에게는 이길 수 있었던 것은 그가 준 고통이 직접적이고, 실제적인 것이었기 때문이다.

12.3 계엄으로 내란을 획책한 윤석열의 법적 책임은 세 가지인데, 첫 번째는 헌법적 책임으로 헌법재판소가 탄핵심판을 통해 파면을 선고함으로써 책임을 물었고, 두 번째는 형사적 책임으로 내란우두머리 혐의에 대한 수사와 재판이 내란특검과 내란재판부에서 진행 중이며, 세 번째는 민사적 책임으로 위자료 배상책임인 것이다.

파면 선고를 통해 대통령직에서 끌어내리기까지 5개월이 걸렸다. 내란우두머리로 구속하는 데까지, 체포하고 구속했다가 오직 윤석열 한 사람한테만 적용되는 구속기간 시간계산법으로 풀어줬다 또다시 구속하기까지는 반년이 걸렸다.

다시 또 반년 동안의 특검수사를 거치고 일 년이 될지 이 년이 될지 그의 죄를 묻고 처벌하는 일은 수 년이 더 걸릴 지도 모른다.

그래서 나는 생각했다. 손해배상 소송을 하자. 그에게 위자료를 물리자.

그가 벌인 짓으로 인해 불안과 공포로 잠못 이루던 수많은 밤들. 그가 대통령인 나라에서 그런 자의 통치를 받았다는 것에 대한 부끄러움. 그리고 아!'바이든' 이라고 해놓고 '날리면' 이라고 했다고 우기는 뻔뻔함. 하다하다 가짜 출근까지 시켰다는 소리도 들릴 때 대한민국 국민으로서 어쩔 수 없는 수치심.

부하를, 군인을 내란범으로 만들어 나락으로 밀어 넣고도 내가 안 그랬다 발뺌하는 두목. 비겁하고 비루한 자라고 마음껏 비웃다가도 허탈하고 누워서 침뱉기같은 더러운 기분에 빠지고 마는 것은 그가 이 나라의 대통령이었기 때문이다. 내가 뽑은 대통령이었기 때문이다.

촛불혁명을 거쳐 빛의혁명!
오월과 달리 우리는 두 번의 승리를 연달아 쟁취했지만, 승수가 쌓인다고 기쁨이 두 배가 되는 것은 아니다. 이것은 프로야구가 아니고 게임이 아니기 때문이다.

내 삶이고 나의 오늘이고 내 아이들의 내일이기 때문이다. 하여 이번이 마지막이길, 마지막 승리이길, 마지막 혁명이길. 다시는 이같은 승리는 없어도 되기를 소망한다.

그래서 이번에는 파면이라는 정치적 책임과 정권이 바뀌면 사면해버릴지도 모르는 형사책임에 그치지 않고, 국회와 헌법재판소와 검사와 특별검사와 제멋대로 법을 해석하는 판사들에게만 맡겨두지 말고, 내가 피해자이고 내가 당사자이므로 내가 직접 나서서 내손으로 민사소송, 위자료 소송을 하자.

내게 고통을 준 당신에게 당사자인 내가 직접 요구한다. 위자료 내놔라!

박근혜 대통령 탄핵심판 소추대리인, 윤석열 대통령 탄핵심판 소추대리인, 그리고 채해병 특검의 특검보가 되고, 윤석열을 상대로 위자료 청구소송을 하기까지 역사의 순간에 비켜서지 않고 맞서려 노력했다.

무섭고, 두려웠다. 수많은 밤들이 지나고, 518 민주도시, 빛고을 내 고향 광주에서 빛의혁명, 과분한 수상에 부끄럽지만 기쁘다. 자랑하고 싶은 상이다.

우리가, 국민이 지킨 나라다.
우리나라 대한민국 국민, 대한국민(大韓國民) 만세다.

피고인을
무기징역에
처한다

2024년 12월 3일부터 444일[1]이 되는 2026년 2월 19일 오후 3시 서울중앙지방법원 제417호 법정.

설날 긴 연휴가 끝나고 일상으로 돌아온 첫날, 서울구치소에서는 점심에 잔치국수가 나왔단다. 12.3 비상계엄을 선포하고 국회와 언론사에 군인을 보낸 우두머리 피고인에 대하여 피고인의 행위가 법적으로 내란죄에 해당한다는 판결이 선고된 날에 잘 어울리는 메뉴가 아닐 수 없다.

판사는 한 시간 가량 판결 요지를 낭독하고 이유를 설명한 끝에 특유의 목소리로 주문을 낭독했다.

"피고인 윤석열을 무기징역에 처합니다앙~"

---

1) 언론은 12.3 비상계엄으로부터 443일째 되는 날이라고 적었으나 구속기간 등은 날로 계산하고 초일을 산입하는 형사소송법에 따른다면 444일째가 맞다.

판사의 목소리나 말투를 비난하거나 조롱할 수는 없다. 하지만 사형 또는 무기징역, 아니 징역 3년이나 혹은 단 몇 개월의 징역을 선고하는 경우라고 하더라도 "징역 3년에 처합니다앙~"이라며 말끝을 늘이거나 콧소리가 나는 듯한 형의 언도는 판결의 권위를 떠나서 퍽이나 비현실적이다.

각설하고, 내란우두머리죄가 성립한다는 유죄 판결에 대해서는 공소기각 판결과 같은 어처구니 없는 결과 또한 우려해야 했던 그간의 과정에 비추어 보면 우선은 다행스럽지만, 그러나 유죄 판결에도 불구하고 많은 사람들은 사형이 선고되지 아니한 것에 대해 실망과 분노를 감추지 못하는 것 같다.

법정형이 사형과 무기징역(금고) 밖에 없는 내란우두머리죄에 대하여 아무런 작량감경 사유가 없음에도 법정 최소형인 무기징역을 선고한 것은 잘못이라는 지적에 어떠한 흠도 찾기 어려운 것도 사실이다. 법정 최고형인 사형을 선고했어야 마땅하다는 의견에 반론을 펴기가 힘들다.

판사는 "성경을 읽는다는 이유로 촛불을 훔칠 수는 없다"며,

'국가위기 상황을 타개하고 자유민주주의 체제를 수호하기 위해 비상계엄을 선포한 것'이라는 피고인의 주장은 어떤 일을 행한 동기나 이유, 명분을 그 목적과 혼동하여 주장하는 것이라고 지적하였는데, 아마도 판사는 성경을 읽기 위함이라는 명분이 비록 정당하다고 하더라도 촛불을 훔치는 것은 결국 절도가 목적일 수밖에 없는 것이어서 용납될 수 없다는 말을 하고 싶었나 보다.

그러나 피고인이 한 행위는 그 동기와 이유, 명분조차도 민주주의와 헌법에 정면으로 반할 뿐만 아니라 실체적 조건도, 절차적 요건도 전혀 갖추지 못한 위헌·위법한 비상계엄이었으며, 국회의 기능 저지와 헌법과 법률을 초월하여 국민의 생명을 포함한 기본권을 침해하고 본질적 내용을 제약하는 명백히 불법적인 목적을 위한 행위로서 내란에 해당함이 분명하다.

즉, 피고인은 성경을 읽기 위해서 촛불을 훔친 것이 아니라 성경을 빼앗고, 나아가 촛불마저 빼앗으려 한 것이다.

곽종근 특전사령관은 피고인의 재판에 증인으로 출석하여

끝내 반성하지 않고 자신의 책임마저 부하들에게 떠넘기는 듯한 피고인을 향해서 검사도 변호인도 묻지도 않은 말을 스스로 했다.

"차마 그 말씀은 안 드렸는데, 한동훈이하고 일부 정치인들 호명하시면서 당신 앞에 잡아 오라고 했습니다. 당신이 총으로 쏴서라도 죽이겠다고 했습니다"

곽종근 사령관은 "김치가 맛있어서 한 번인가 더 가져오신 기억이 있습니다"라는 말도 했는데, 그날이 국군의 날이어서 소맥을 많이 먹었고, 먹다가 냉장고에 가서 안주를 더 가져오기도 했지 않느냐는 피고인의 진술에 답하여 한 증언이었는바, 곽종근 증인이 그 당시의 상황을 상세히 기억하고 있다는 점을 방증하는 것으로서 신빙성이 매우 높은 증언이 아닐 수 없었다.

그런데, 판사는 곽종근의 이 말만은 굳이 믿을 수 없다며 배척하고 공소사실에서도 이 부분을 삭제한다고 했다. 판사는 왜 곽종근의 말을 믿을 수 없다는 것일까?

법원은 종종 유력 정치인이나 고위 공무원과 같은 권력자 또는 재벌과 같이 힘 있는 자들 앞에서 형사법상 증거법칙의 잣대를 매우 엄격하게, 마치 증거에 현미경 렌즈를 들이대고 살피듯 세밀하게 보고는 한다.

'유죄의 인정은 합리적 의심을 할 여지가 없을 정도로 확신을 가지게 하는 증명력을 가진 증거에 의하여야 한다'는 형사법의 대원칙은 의심의 여지 없이 타당하며 당연히 모든 형사재판에서 지켜져야 한다.

그러나 그것은 마치 특정인에게만 수십 년 동안 구속기간을 날로 계산해왔던 법의 해석과 선례를 벗어나서 유독 그 사건에서만 구속기간을 시간으로 계산하였듯이, 권력자와 유력자들에게만 유독 엄격하게 적용되는 원칙이 아닌가 하는 합리적인 의심을 나는 지울 수 없다.

변호사가 되어 강간, 강제추행 등 성범죄 사건을 변호하면서 아무런 객관적 증거나 물증도 없이 오로지 피해자의 진술만으로 유죄 판결이 선고되고, 몇 년씩이나 되는 징역형이 선고되고, 억울하고 분해서 항소하고 상고해봐도 유죄가 확정되어버린 수 많은 사건들을 나는 경험했다. 피해자의 진술을 뒷받침할 만한 별다른 증거가 없고, 심지어 유일한 증거인 피해자의 진술이 범행의 장소나 시간, 객관적인 증거에 의해 인정되는 상황에도 전혀 부합되지 아니함에도 불구하고 너무나 쉽게 강간 범행이 인정되고 만 사건을 너무도 많이 보아왔다.

게다가 준강간, 준강제추행죄는 또 어떠한가?

술에 취해 전혀 의식이 없다는 피해자가 아침에 눈을 떠 간밤에 성교가 있었다는 사실이 어렴풋이 떠오르고, 자신이 명시적으로 동의한 적은 없을 것이라는 이유로 상대방을 준강간죄로 고소하고, 법정형이 무거운 강력범죄임에도 불구하고 수사는 피해자의 진술조서를 받는 것이 전부인 채로 기소되고, 결국 강간범으로 처벌되고, 심지어는 집행유예조차 불가능한 강간치상이나 강간상해죄가 유죄로 인정될 때 판사는 종종 술에 취해 아무 것도 기억나지 않는다는 피해자의 진술 하나만으로 성교행위 당시 피해자가 항거불능 상태였다는 점과 가해자가 피해자의 항거불능 상태를 이용하여 성교한 사실을 인정하고, 젊디 젊거나 혹은 아직은 너무도 어린 피고인들에게 가볍지 않은 실형을 선고하고 감옥으로 보내고는 한다.

폭행 또는 협박으로 피해자의 항거를 불가능할 정도로 제압한 다음 간음한 경우에 성립하는 강간죄, 스스로 술에 취해 잠이 들어 항거불능 상태에 있는 피해자를 간음하는 경우에 성립하는 준강간죄 같은 성범죄는 사안의 성질상 대부분 피해자의 진술 외에 아무런 증거가 없는 경우가 많다. 그러나 피해자가 무고죄로 입건되지 않은 이상 피해자의 진술이 일관되고 구체적이라는 이유로 믿을 수 있다며 피해자의 진술 하나만으로 유죄가 선고되고는 한다.

더구나 준강간의 경우 오판의 위험성은 더욱 높을 수밖에 없다. 왜냐하면, 설사 피해자가 정말로 술에 취해 기억을 할 수 없을 만큼 정신을 잃었고, 따라서 반항은 물론 동의나 부동의 의사를 표시할 수 없을 정도의 상태였다고 할지라도, 시선을 돌려 가해자로 몰린 사람의 입장에서 본다면, 가사 피해자가 잠꼬대나 혹은 몽유병자같은 행동이나 발언을 한 경우에 있어서 그러한 피해자의 언행을 묵시적 동의로 여겼을 수도 있다는 점에서 그렇다.

그럼에도 불구하고 이런 경우 판사들은 피고인의 변명에도 불구하고 피해자의 진술만으로도 대개 그러한 합리적 의심을 배제하고도 남을 만큼 충분히 유죄의 확신이 드는 것인지 유죄 판결은 무죄보다 쉽고도 많다.

국군의 날 한남동 고기집에서 가져온 김치가 유난히 맛있어서 냉장고에서 꺼내온 사실이 있고, 직접 안주를 챙겨서 소맥을 열 몇 잔씩 마셨다는 피고인의 진술에 정확히 부합하는 증인 곽종근의 진술 중 도대체 어디가 의심스러워서 믿을 수 없다는 것인가?

그날은 국군에게는 생일과도 같은 국군의 날이었고, 그래서 시국 얘기를 할 분위기가 아니었다는 피고인의 변명은 그 자체로 상식과 경험칙에도 안맞지 않은가? 그 정도로 술을 마셨으면 상당히 취했을 것이고, 취했으니 시국 얘기를 하지는 않았을 거라는 전제를 깔고 하는 피고인의 주장은 믿어줄만하며, 경청할 만 한가?

오히려 일국의 대통령이 국방부 장관과 함께 직접 맥주에 소주를 타서 폭탄주를 만들어 건네는 술을, 그것도 열 몇 잔씩 퍼마시는 장면도 낯설기 그지 없고, 쿠데타로 권력을 찬탈한 전두환 일당의 군부 정권의 모습이 아닐까 생각해보지만, 술에 취하면 오히려 더 시국 얘기를 할 수도 있음은 물론이거니와 일국의 대통령이, 그것도 자유민주 대한민국 대통령이 총을 가진 특전사령관에게 야당 대표를 잡아 오라든가, 총으로 쏴 죽여버리겠다는 발언이 어디 술에 취했다고 할 수 있는 가벼운 농담이라고 치부할 수 있는 것인가?

곽종근 사령관은 아마도 군 통수권자인 대통령 앞에서 대통령이 따라주는 술을 마시면서, 아무리 열 몇 잔의 술을 받아 마셨기로서니 술에 취할 수나 있었겠는가? 만약 술에 취했다면 대통령인 윤석열이 술과 자신의 권력에 취했을지언정 일개 사령관에 불과한 곽종근이 술에 취했다거나 술에 취해 당시 대화나 행동을 착각하거나 헷갈렸을 수 있다고 보이지는 않는다. 이러한 시각이 그간 대한민국 법원이 증거와 증언을 평가하고 사실은 인정하는 방식에 부합하는 방식이 아니었던가?

그러나 이번에도 최고 권력자인 피고인 윤석열 앞에서는 일반적인 형사법상의 증거법칙은 유난히 엄격하게 적용되었고, 곽종근의 분명하고 구체적이며, 경험하지 않은 것을 지어내는 것이라고는 보이지 아니한 증언에도 불구하고 단지 이를 뒷받침하는 다른 진술이 없다는 이유로 곽종근의 증언은 배척되고

만 것이다.

법은 누구에게나 평등하게 적용되어야 하며, 판사의 심증은 피고인이 누구인지에 따라 달리 형성되어서는 아니 되며, 증거법칙 또한 동등한 정도의 엄격함으로 적용되어야지 누군가에게는 유독 엄격하게 적용되고, 누군가에게는 느슨하게 적용되어서는 아니 된다.

그런 점에서 이 판결은 공정하지 않으며, 따라서 파기되어야 한다.

정치본색

임종성 지음
262쪽 | 20,000원

내 손을 잡아줘

김선우 지음
264쪽 | 20,000원

노동정책의 배신(양장)
김명수 지음
304쪽 | 22,000원
2021 텍스트형 전자책 제작 지원 선정

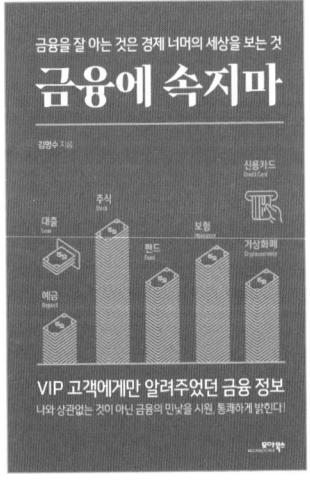

금융에 속지마

김명수지음
280쪽 | 17,000원

정책이 만든 가치
박진우 지음
320쪽 | 22,000원
2022 세종도서 교양부문 선정

지속 가능한 정책
박진우 지음
344쪽 | 23,000원

정부의 예산, 결산 분석과 감시
조일출 지음
284쪽 | 20,000원

행복한 노후 매뉴얼
정재완 지음
500쪽 | 30,000원
2022 세종도서 교양부문 선정

삶을 업그레이드 하는 더 나은 삶 ──────── **모아북스 정치 · 사회 도서**

미래예보

정호준 지음
280쪽 | 20,000원

이제 길이 보입니다

최원락 지음
272쪽 | 21,000원

유죄vs무죄

곽동진 지음
260쪽 | 16,000원

법에 그런 게 있었어요?

강병철 지음
400쪽 | 15,000원
2021 텍스트형 전자책 제작 지원 선정

당신이 생각한 마음까지도 담아 내겠습니다!!

책은 특별한 사람만이 쓰고 만들어 내는 것이 아닙니다.
원하는 책은 기획에서 원고 작성, 편집은 물론,
표지 디자인까지 전문가의 손길을 거쳐
완벽하게 만들어 드립니다.
마음 가득 책 한 권 만드는 일이 꿈이었다면
그 꿈에 과감히 도전하십시오!

업무에 필요한 성공적인 비즈니스뿐만 아니라 성공적인 사업을 하기 위한
자기계발, 동기부여, 자서전적인 책까지도 함께 기획하여 만들어 드립니다.
함께 길을 만들어 성공적인 삶을 한 걸음 앞당기십시오!

도서출판 모아북스에서는 책 만드는 일에 대한 고민을 해결해 드립니다!

모아북스에서 책을 만들면 아주 좋은 점이란?

1. 전국 서점과 인터넷 서점을 동시에 직거래하기 때문에 책이 출간되자마자 온라인, 오프라인 상에 책이 동시에 배포되며 수십 년 노하우를 지닌 전문적인 영업마케팅 담당자에 의해 판매부수가 늘고 책이 판매되는 만큼의 저자에게 인세를 지급해 드립니다.

2. 책을 만드는 전문 출판사로 한 권의 책을 만들어도 부끄럽지 않게 최선을 다하며 전국 서점에 베스트셀러, 스테디셀러로 꾸준히 자리하는 책이 많은 출판사로 널리 알려져 있으며, 분야별 전문적인 시스템을 갖추고 있기 때문에 원하는 시간에 원하는 책을 한 치의 오차 없이 만들어 드립니다.

기업홍보용 도서, 개인회고록, 자서전, 정치에세이, 경제 · 경영 · 인문 · 건강도서

모아북스
MOABOOKS   문의 0505-627-9784

탄핵열전

초판 1쇄 인쇄	2026년 03월 19일
2쇄 발행	2026년 03월 30일

지은이	이금규
발행인	이용길
발행처	**모아북스** MOABOOKS

총괄	정윤상
관리	양성인
디자인	이룸

출판등록번호	제 10-1857호
등록일자	1999. 11. 15
등록된 곳	경기도 고양시 일산동구 호수로(백석동) 358-25 동문타워 2차 519호
대표 전화	0505-627-9784
팩스	031-902-5236
홈페이지	www.moabooks.com
이메일	moabooks@hanmail.net
ISBN	979-11-5849-293-9 03300

모아북스 MOABOOKS 는 독자 여러분의 다양한 원고를 기다리고 있습니다.
(보내실 곳 : moabooks@hanmail.net)

독讀 한 서평을 올려 주세요!

이 책 또는 이미 읽은 모아북스의 책이 있다면, 서평을 올려 주세요.
매월 10건의 우수 서평을 선별하여 모아북스 도서를 1권씩 보내 드립니다!

·서평 이벤트 참여 방법

① 모아북스 책을 읽고 자신의 블로그나 SNS, 각 인터넷 서점 리뷰란에 서평을 올린다.
② 서평이 작성된 URL과 함께 moabooks@hanmail.net로 메일을 보내 응모한다.

·서평 당선자 통보

매월 첫째 주에 해당 응모자의 메일로 연락 드립니다.

· 독자 여러분의 응원과 함께 더 나은 책을 만들 수 있도록 열심히 하겠습니다.